Klaus Holitzka

Das Glück, eine Frau zu sein

50 liebevolle Komplimente der Verbundenheit
für Dich selbst und eine Herzensfreundin

Begleitbuch zu den 50 Karten

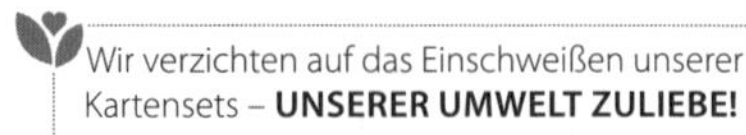

ISBN 978-3-8434-9221-8

Klaus Holitzka
Das Glück, eine Frau zu sein
50 liebevolle Komplimente der Verbundenheit für Dich selbst und eine Herzensfreundin

1. Auflage November 2023

Layout von Box, Karten & Begleitbuch: Anna Twele, Schirner, unter Verwendung von Illustrationen von Klaus Holitzka sowie # 1395341105 (© Tartila), www.shutterstock.com
Illustrationen: © Klaus Holitzka, www.holitzka.de
Lektorat: Ina Keller, Schirner
Printed & bound by: Ren Medien GmbH, Germany

www.schirner.com

Inhalt

Vom Glück, eine Frau zu sein

Liebe Leserin,
mit großer Freude präsentiere ich Dir ein einzigartiges Geschenk, das Du Deinen Freundinnen und Dir selbst machen kannst – dieses Kartenset. Es wird nicht nur für Heiterkeit und Gesprächsstoff sorgen, sondern auch Gedanken und Emotionen in Bewegung setzen. Die Texte zu den Karten sind bewusst so geschrieben, als hättest Du das jeweilige Thema bereits vollkommen gemeistert. Dadurch möchten sie Dich dazu ermutigen, Dich selbst zu erkunden und zu reflektieren: »Was davon bin ich tatsächlich? Was habe ich schon in Bezug darauf erreicht? Welches Gefühl, das in mir aufkam, hat mich am meisten berührt? Wofür kann es gut sein, wenn ich mich von dieser Karte inspirieren lasse?«

Das Leben einer Frau ist ein kontinuierlicher Prozess der persönlichen Entwicklung und Selbstentfaltung. Es ist eine Reise voller Höhen und Tiefen, Entdeckungen und Herausforderungen. Die Ideen und Konzepte dieses Kartensets laden Dich ein, Deine inneren Schätze zu entdecken und zu erkennen, welche wunderbaren Qualitäten in Dir schlummern. Genauso kann es Deinen Herzensfreundinnen zeigen, wie sehr Du sie schätzt und wie viele wunderbare Eigenschaften sie besitzen. In einer Welt, die auch von Vergleichen und unrealistischen Standards geprägt ist, möchte ich Dich ermutigen, Dich mitfühlend und liebevoll mit Dir selbst auseinanderzusetzen. Die idealisiert gestalteten Themen auf den Karten sollen keine Messlatte sein, sondern vielmehr eine Einladung an Dich, Deine eigene einzigartige Reise anzuerkennen und zu würdigen.

Indem Du Dich mit den Themen der Karten auseinandersetzt, kannst Du Dir darüber bewusst werden, welchen Weg Du bereits zurückgelegt hast und welches Potenzial noch in Dir ruht. Diese Reflexion eröffnet neue Möglichkeiten für Deine persönliche Weiterentwicklung und unterstützt Dich dabei, Deine Träume zu verwirklichen.

Es ist wichtig, zu betonen, dass dieser Prozess nicht linear verläuft. Es gibt keine festgelegte Reihenfolge oder endgültige Ziellinie. Jede Frau hat ihre eigene einzigartige Geschichte und steht vor individuellen Herausforderungen. Lasse Dich von den Karten inspirieren, und nimm sie auch mit einem Hauch von Leichtigkeit und Humor.

Wie Du mit diesen Karten Deine Verbundenheit zeigst

Lasse mich Dir noch ein paar Worte dazu mitgeben, wie Du die Karten anwenden kannst. Warum greifen so viele Menschen auf Kartensets zurück? Suchen sie nach einer Botschaft, die den gegenwärtigen Moment erhellt oder einen Blick in die verborgenen Geheimnisse der Zukunft gewährt?

»Das Glück, eine Frau zu sein« ist kein herkömmliches Orakel. Es wurde mit einer besonderen Inspiration entwickelt: als Geschenk für Dich selbst, eine Freundin oder die Partnerin. Es ist ein liebevoller Spiegel, der Dich auf Deine Qualitäten hinweist und mit einem Lächeln darauf aufmerksam macht, dass das, wonach Du suchst, bereits in Dir schlummert. Komplimente zu machen, ist eine wahre Kunst, die die Herzen berührt und Beziehungen stärkt. Mit diesem Kartenset liegen 50 herzliche Komplimente in einer kleinen Schachtel für Dich bereit, die Dich und Deine Lieben überraschen und Euch zeigen sollen, wie wunderbar Ihr seid. Es sind mehr als nette Worte – die Karten sind eine Liebeserklärung. Sie sollen Dich inspirieren, Deine Gefühle auszudrücken, die Schätze in Deinem Inneren zu entdecken und Deine Verbindungen zu vertiefen.

Besonders schön ist es, wenn Du dieses Kartenset verschenkst. Stelle Dir vor, Du wurdest von Deiner Herzensfreundin zu einem gemütlichen Treffen oder einer schönen Geburtstagsfeier eingeladen. Dies ist der Moment, Eure Freundschaft und Eure gemeinsamen Augenblicke zu zelebrieren. Aber anstatt oder zusätzlich zu Blumen möchtest Du Deiner Freundin ein ganz besonderes Geschenk machen: liebevolle Komplimente, die Eure Verbundenheit auf eine einzigartige Weise unterstreichen. Du überreichst Deiner Freundin das Kartenset »Das Glück, eine Frau zu sein«, und sie lächelt überrascht. Du sagst ihr: »Ich möchte Dir gern ein Kompliment machen, suche Dir bitte eine Karte aus.« Sie zieht eine der Karten, und Du liest die herzlichen Worte laut vor. In diesem ganz besonderen Moment sagt Deine Freundin vielleicht voller Dankbarkeit: »So etwas Schönes hat mir noch niemand gesagt!«

Du kannst Dir mit diesen Karten auch selbst ein Kompliment machen. Ziehe morgens nach dem Aufstehen eine Karte, nimm Dir einen Moment Zeit, und komme zur Ruhe. Stelle die Karte dann vor Dich hin, oder setze Dich vor einen Spiegel. Nun lies Dir selbst den Text zu Deiner Karte im

Begleitbuch laut vor – so, als würdest Du das Kompliment dem wertvollsten Menschen in Deinem Leben schenken. Nimm diese Energie mit in Deinen Tag. Du kannst die Karte auch einstecken und sie immer hervorholen, wenn Du Dich wieder auf sie einschwingen möchtest. Oder Du lässt Dich vor einer wichtigen Entscheidung von den Karten inspirieren. Stelle Dir dafür vor dem Ziehen eine Frage, die Deine Seele aktuell beschäftigt, zum Beispiel: »Welche meiner Qualitäten kann mir bei meiner heutigen Herausforderung zur Seite stehen?« Die Karte, die Du gezogen hast, wird Dich bis zur Auflösung Deines Themas begleiten.

**Mögen diese Karten dazu beitragen,
Deine Einzigartigkeit oder die Deiner
Herzensfreundin zu feiern. Ich wünsche Dir,
dass die folgenden Komplimente wie kleine
Geschenke für Deine Gegenwart und Zukunft
sind. Genieße sie in vollen Zügen.
Viel Freude beim Entdecken!**

Klaus »Holly« Holitzka

Zum Einstieg ein Brief an Dich

Meine geliebte Herzensfreundin,
während ich diese Worte niederschreibe, umarmen mich unsere gemeinsamen Erinnerungen und erfüllen meine Seele mit Freude. Wie ein lebendiges Kunstwerk ist unser Werdegang, in dem sich unsere reife Sinnlichkeit und unser tiefgründiger Humor wunderbar entfalten. Kannst Du Dich noch an den Tag erinnern, an dem wir Hand in Hand das Labyrinth des Lebens betraten und unsere Blicke voller Liebe aufeinander ruhten?

Ja, meine Liebe, diese Erinnerungen sind so frisch und lebendig wie der Duft einer Sommerblume im Wind. Deine sanften Worte zaubern stets ein Lächeln auf mein Gesicht, und der Wind trägt unsere Freude hinaus in die Welt. Die Verbundenheit, die wir teilen, ist wie ein strahlender Lichtschein in unseren Seelen.

Durch unsere tiefe Verbindung können wir stolz und voller Heiterkeit unsere Weiblichkeit genießen. Dank Dir habe ich gelernt, meinen Körper und meinen Geist mit Hingabe und Respekt zu pflegen. In Deinen Augen erkenne ich meine eigene Kostbarkeit und Schönheit. Du zeigst mir, wie ich mein inneres Wesen erkennen und zum Erblühen bringen kann.

Zusammen sind wir eine unwiderstehliche Kraft, die stetig wächst. Mit Mut in unseren Herzen begegnen wir Seite an Seite den Herausforderungen des Lebens und durchdringen die Weiten der Gedanken mit unseren lebendigen Sinnen. Wir sprengen die Ketten der Konventionen und gestalten unser Leben frei und sinnerfüllt.

Unsere Ziele sind wie Flügel, die uns emportragen. Gemeinsam verwirklichen wir unsere Träume und streben nach Höherem. Die Zeit ist voll unendlicher Möglichkeiten, die wir gemeinsam erkunden.

In unseren Herzen tragen wir Mitgefühl, das uns befähigt, die Welt mit offenen Armen zu begrüßen und heilige Räume der Liebe und Hilfsbereitschaft zu erschaffen. Der Lebensbaum in uns erblüht, und sein Wachstum ist spürbar. Durch unsere innige Verbindung erfahren wir wahre Nähe und werden zu einer Herzensgemeinschaft.

Unsere Gespräche sind Quellen der Weisheit, die unsere Seelen nähren. Durch unsere Großzügigkeit im Teilen von Wissen und Erfahrung berühren wir Herzen, die Trost und Inspiration suchen. In der spirituellen Tiefe finden wir Frieden und strahlen wie Sterne am Himmel.

Du bist meine Lehrerin, die mir hilft, die universelle Energie in meiner Seele zu erkennen. Kreativ erwecken wir mit Pinsel und Stift unsere inneren Reiche zum Leben und verzaubern die Welt mit unserem ganz eigenen Flair. Selbst inmitten eines Sturms bewahren wir Gelassenheit und werden zu Garanten der Zuversicht.

Jeder Moment, den wir gemeinsam feiern, ist ein kostbares Geschenk, das unsere Herzen mit Freude erfüllt. Unser Lächeln ist der schönste Ertrag unserer tiefen Liebe zueinander, die wie ein warmer Sonnenstrahl unsere Tage erhellt. Wir erfahren das Leben mit Leichtigkeit und Witz, denn in der Liebe liegt eine unendliche Kraft, die unsere Verbundenheit befeuert.

Als Teil eines größeren Ganzen fühlen wir uns tief verbunden mit unserer Seele und vernehmen die Stimme unserer Weisheit. In unseren Herzen finden wir Geborgenheit und Heilsein. Die Offenheit für verschiedene Kulturen und Menschen bereichert uns, und wir erfahren die Vielfalt und auch die Gemeinsamkeit in all ihren Facetten.

Mit Respekt für jeden Menschen und jedes Wesen kultivieren wir Einheit und Gleichheit. Unsere selbst erschaffenen Werte und Glaubenssätze leiten uns und bringen Harmonie in unser Leben. Wir lassen unser Inneres Kind frei und ungebunden spielen und finden durch unsere Emotionen Trost in unserem Gemüt.

In der Entfaltung unserer authentischen Natur erblühen wir wie wunderschöne Lotosblumen. Jede Blüte ist einzigartig und strahlt in ihrer ursprünglichen Reinheit. Wir lassen unsere Individualität gedeihen, behandeln die Natur mit Achtung und bewahren sie mit Respekt.

Mit helfenden Händen und offenen Herzen sind wir anderen eine Unterstützung. Durch unsere Flügel der Liebe und Fürsorge verbreiten wir Segen und Glanz, ob nah oder fern. Wir schenken anderen Mut und Zuversicht, und in unseren Herzen brennt das Feuer der Weisheit und des Wissens, das uns stets begleitet. Dank Selbstreflexion und innerem Wachstum werden wir zu weisen Persönlichkeiten.

Meine geliebte Freundin, ich möchte, dass Du tief in Deinem Herzen spürst, wie kostbar Du für mich bist. Ich danke Dir dafür, dass Du in meinem Leben bist, und ich freue mich auf unsere gemeinsame Zukunft.

Es ist mir eine große Ehre, dass Du mich mit Deiner unwiderstehlichen Kraft und zauberhaften Anmut Deiner weiblichen Existenz inspirierst und atemberaubende Träume wahr werden lässt. Auf unserem weiteren Weg wünsche ich uns von Herzen alles erdenklich Gute.

Die Karten

1

Es ist ein Glück, eine Frau zu sein

Liebste Freundin,
die Karte »Es ist ein Glück, eine Frau zu sein« feiert unsere Weiblichkeit. Sie erinnert mich daran, dass wir über unser Frausein allen Grund haben, uns zu freuen. Du verkörperst diese Freude und erinnerst mich daran, wie wunderbar es ist, eine Frau zu sein.

Mit Deiner Seele, die in den Farben der Wertschätzung gemalt ist, erlaube mir, Dir meine Anerkennung zu eröffnen. Die Worte »Es ist ein Glück, eine Frau zu sein« bedeuten mir unendlich viel. Du bist ein lebendiger Beweis dieser Beschreibung, eine Melodie der Weiblichkeit, die mit solcher Erhabenheit erklingt, dass sie zur Sinfonie wird.

Die Welt war eine raue Bühne für das Frausein, und es ist ein Glück, dass sie in Deiner Gegenwart sanfter ist. Du, liebe Freundin, malst auf diese Leinwand ein Porträt einer Frau, das nicht nur ihre Herausforderungen, sondern auch ihre Stärken, ihre Kreativität, ihre Liebe zum Ausdruck bringt. Deine Haltung ist eine Ode an das Weibliche, eine Hymne, die von der Weite Deines eigenen Herzens bis hin zur Unendlichkeit aller Frauen reicht.

Dein Leben spricht eine kraftvolle Sprache, eine, die die Bedeutung des Weiblichen in sich trägt und sie stolz verkündet. Du bist wie ein Spiegel, der uns zeigt, dass es nicht nur in Ordnung, sondern auch schön ist, unsere weiblichen Tugenden zu umarmen: unsere Empathie, unsere Intuition, unser Mitgefühl, unsere Sanftmut. Du ermutigst uns Frauen, unseren Stimmen Gehör zu verschaffen und für das, was so selbstverständlich natürlich ist, zu kämpfen.

In Dir strömt ein Fluss tiefer Wertschätzung für die weibliche Erfahrung. Du weißt um die einzigartige Sicht der Frauen auf die Welt, Du hörst ihre Stimmen, Du erzählst ihre Geschichten. Du bist eine unerschütterliche Fürsprecherin der Gleichberechtigung, eine Quelle, die die Ermächtigung der Frau in allen Bereichen des Lebens fördert.

Deine Art, Dein Frausein zu leben, ist wie ein Licht, das den Weg für uns Frauen beleuchtet. Du ermutigst uns, uns selbst zu umarmen und unsere weibliche Identität mit stolzer Freude zu leben. Du erinnerst mich daran, dass wir keine Konkurrentinnen, sondern Schwestern sind – und dass wir uns gegenseitig helfen können, durch das Leben zu gehen.

2

Die wilde Frau

Es ist ein Glück, eine Frau zu sein, da wir die Essenz der »wilden Frau« auf eine authentische und inspirierende Weise verkörpern und eine unbezähmbare und unabhängige archaische Kraft in uns tragen.

Geliebte Freundin,
wie faszinierend und schicksalhaft ist es doch, dass gerade Du diese Karte mit dem Thema der »wilden Frau« gezogen hast. Ich möchte Dir heute ein ganz besonderes Kompliment machen, denn Du verkörperst für mich die Essenz der »wilden Frau« auf eine authentische und inspirierende Weise. In Dir

erkenne ich eine unbezähmbare und unabhängige Kraft, tief in Deinem Geist verankert, die Dich zur wahren Rebellin und Kämpferin für Deine Freiheit erhebt. In Dir lebt die alte, archaische, wilde Lebenslust weiter, die bis in die heutige Zeit reicht und in Deinem Sein pulsiert. In Deiner Welt, frei von einschränkenden Bestimmungen und Zuweisungen der Kulturen, die Dir völlig fremd sind, lebst Du nach den reinen Naturgesetzen, die Dir innewohnen.

Was mich an Dir aufs Tiefste beeindruckt, ist Deine gänzliche Ablehnung der sozialen Zwänge und der kulturellen Vorstellungen von Weiblichkeit. Du lebst nach Deinen eigenen Regeln und lässt Dich nicht von den Erwartungen anderer beeinflussen. Du bist von Tapferkeit und Stärke erfüllt und folgst unbeirrt Deiner inneren Wahrheit. Dein Bündnis mit der Natur und mit Deinen eigenen Instinkten ist bemerkenswert. Du besitzt ein tiefgreifendes Verständnis für die natürlichen Rhythmen des Lebens und die heilende Macht der Natur. Du bist eingeweiht in die Geheimnisse von Pflanzen, Tieren und Elementen und erkennst die Bedeutung eines Lebens in Harmonie mit der Erde. Deine Intuition und innere Weisheit sind wahrlich beeindruckend. Du lauschst der Stimme in Deinem Inneren, Deinen Instinkten und Träumen. Sie sind Dir so selbstverständlich, weil sie ein natürlicher Teil Deines Wesens sind. Du lebst verborgene Wahrheiten und schöpfst aus der Weisheit Deines Unterbewusstseins, das Dir in schwierigen Zeiten als Führung und Orientierung dient.

Du bist nicht wild in unkontrollierbarer Art und Weise, sondern eine Frau, die in Einklang mit sich selbst und der sie umgebenden Welt lebt. Das »wilde« Sein mag animalisch klingen, doch für Dich ist es der einzige Weg, ein absolut freies Verständnis von Dir selbst zu bewahren. Du lenkst Deine Energie auf bahnbrechende Pfade und präsentierst eine bewundernswerte Balance zwischen Stärke und Zärtlichkeit, Mut und Mitgefühl, Wildheit und Weisheit.

In einer Welt, die Frauen allzu oft mit zahllosen Erwartungen, Rollen und Einschränkungen konfrontiert, bist Du ein leuchtendes Beispiel für die Wichtigkeit, die eigene innere Wildnis zu erforschen und zu umarmen. Du besitzt den Mut, eigene Pfade zu beschreiten, eigene Entscheidungen zu treffen und die eigene Wahrheit zu leben. Du erinnerst uns alle auf eindrucksvolle Weise daran, dass wir uns nicht in vorgefertigte Schubladen zwängen lassen müssen, sondern das angeborene Recht haben, in Freiheit und Authentizität zu existieren. Jene, die daran zweifeln oder dieses Recht infrage stellen, werden mit Deiner wahren Wildheit konfrontiert, die sich zu verteidigen weiß. In meinen Augen bist Du wie eine majestätische schwarze Pantherin, die ihre Stärke und Eleganz gekonnt zur Geltung bringt. Du zeigst uns, dass wir alle einen unzähmbaren Teil in uns tragen. Du offenbarst uns, dass wir nicht geschaffen wurden, um uns anzupassen, sondern um unsere einzigartige Kraft in die Welt zu tragen.

3

Die Zauberin

Es ist ein Glück, eine Frau zu sein, weil wir wahrhaft mystische Zauberinnen sind, die das Leben mit Magie erfüllen und eine tiefgründige Verbindung zur spirituellen Essenz des Universums spüren.

Meine liebe Freundin,
Deine Intuition lenkt Dich auf die Karte der Zauberin. Wie schön, Dich in diesem Licht zu sehen.

Du bist für mich eine wahrhafte Magierin, die mit einer bezaubernden Anmut und einer tiefen spirituellen Verbundenheit die Geheimnisse des Lebens enthüllt.

Wie eine Zauberin besitzt Du den Schlüssel zu verborgenen Quellen des Wissens und erschaffst mit Deinem Wirken ein Netz aus Energien und Kräften, die für viele unerklärlich sind. Deine Praktiken und Rituale sind von einer mystischen Qualität durchdrungen, die uns in ihrer Tiefe fesselt. Du verkörperst die Gabe, in andere Dimensionen zu reisen, mit dem Unsichtbaren zu kommunizieren und die Mysterien des Lebens zu ergründen. Durch Deine intuitive Weisheit öffnet sich Dir eine symbolische und tiefgründige Ebene der Welt. Dein Handeln und Wirken mag für Außenstehende oft unergründlich erscheinen, doch Du bist eine Meisterin der Mystik, die transzendente Zustände erlebt und eine tiefe Verbindung zur spirituellen Essenz des Universums verspürt. Diese Erfahrungen bereichern Deine spirituelle Praxis und erweitern Dein Verständnis von Realität und Existenz.

Es ist faszinierend, Deine Reise in die Tiefen der mystischen Welt zu beobachten. Du erweckst das, was Du als Priesterin gelernt hast, zum Leben und bringst Deine spirituelle Reise auf eine neue Ebene. Dein Fokus mag noch immer auf Deiner inneren Welt liegen, doch Du sprühst auch vor Energie und Tatendrang.

In Deinem universellen Sein gibt es keine Grenzen. Du bist mit allem verwoben, was ist, und hast Zugang zu den informierten Feldern der Lebensenergie. Als Hüterin jenseits der Polaritäten strebst Du stets danach, Deine Macht zum Wohle aller einzusetzen, vor allem auf geistiger Ebene.

Du spiegelst die Schöpfungskräfte wider und lässt sie durch Dein Handeln und Dein Sprechen lebendig werden. Du bist diejenige, die den Weg kennt und mit beiden Füßen fest auf der Erde steht. Durch Dein erworbenes Wissen stärkst Du nicht nur die Welt, sondern auch Dich selbst und verbindest verschiedene Aspekte des Lebens zu einem harmonischen Ganzen. Jede Zeremonie und jedes Ritual erhält durch Deine Gegenwart eine tiefere Bedeutung.

Du folgst dem Ruf nach innerer Weisheit und dem Zauber des Mystischen, ohne dabei den Verstand oder Dich selbst in obskuren Kulten zu verlieren. Du tanzt in der Nacht und lädst die Schatten voller Freude ein. Du weißt, dass Du jeder

Situation gewachsen bist und stets den besten Weg findest, um jene Dinge loszulassen, die Dir nicht länger dienlich sind. Genauso wie eine Alchemistin verwandelst Du Ängste und einschränkende Glaubenssätze in geheime Wünsche und Träume. Du bist eine Magierin, direkt und kompromisslos. Du hast keine Zeit für Zögerlichkeiten und Nettigkeiten, sondern strebst unmittelbar danach, Deine Bestimmung zu erfüllen. Du weißt, dass das Leben den einfachen kosmischen Gesetzen folgt, auch wenn der Mensch oft Schwierigkeiten hat, daran zu glauben. Daher teilst Du Deine Weisheit auf vielfältige Weise und nutzt kraftvolle Rituale und magische Gegenstände, um Deine Botschaften zu vermitteln.

Meine liebe Freundin, Du bist eine wahrhaft mystische Zauberin, die das Leben mit einem Hauch von Magie erfüllt. Deine Präsenz und Weisheit sind unvergleichlich, und ich bin zutiefst dankbar, dass ich an Deiner Seite sein darf.

4

Die Schamanin

Es ist ein Glück, eine Frau zu sein, weil wir wahrhafte Schamaninnen sind, die das Leben mit Magie, Heilung und einer tiefen Verbundenheit zur Natur erfüllen.

Meine liebe Freundin,
Du hast die Karte der Schamanin gezogen, und ich kann nicht anders, als Dich in diesem Licht zu sehen. Mit Deinem Wesen verkörperst Du eine wahrhaftige Frau, die eine uralte Tradition und Weisheit in sich trägt. Du bist eine spirituelle Führerin, eine Brückenbauerin zwischen den Welten der Materie und des Geistes.

Wie eine Schamanin nutzt Du Deine tiefe Verbindung zur Natur, den Geistern und den Ahnen, um Heilung und Harmonie in Dir selbst und in der Gemeinschaft zu bewirken. Du bist eine Hüterin des Wissens, die die heilenden Kräfte der Natur kennt und sie für das Wohl und die Genesung von Menschen einsetzt. Du verstehst die untrennbaren Zusammenhänge zwischen Körper, Geist und Seele und weißt, dass wahre Heilung nur dann möglich ist, wenn alle Aspekte in harmonischem Einklang sind.

Eine besondere Gabe der Schamanin in Dir ist Deine Hellsichtigkeit und Deine Fähigkeit, in spirituelle Dimensionen zu reisen. Du erkennst die unsichtbaren Energien und Muster, die Krankheiten verursachen oder ein Ungleichgewicht hervorrufen. Durch Deine Verbindung zur Geistigen Welt empfängst Du Botschaften und erhältst Anleitungen, das Schicksal zum Guten zu wenden.

Rituale, Gesänge und Tänze sind ein Teil Deines Weges, eine heilige und energetische Atmosphäre zu schaffen. Du nutzt Kräuter, Steine und andere natürliche Elemente, um Heiltränke, Salben oder Amulette herzustellen. Diese Werkzeuge dienen dazu, die Energie zu lenken und die Selbstheilungskräfte des Körpers zu aktivieren.

Als Schamanin bist Du auch eine Vermittlerin zwischen den Welten, zwischen den lebenden Menschen und den Ahnen. Du bringst Heilung in die familiären Linien und befreist sie von generationsübergreifenden Traumata. Du verstehst, dass viele körperliche und seelische Beschwerden auf ungelöste Probleme der Vorfahren zurückzuführen sind, und arbeitest daran, diese alten Wunden zu heilen.

Du bist keine »Wunderheilerin«, sondern eine Unterstützerin auf dem Weg zur Selbstheilung und zur Wiederherstellung des Gleichgewichts.

In unserer modernen Welt haben viele von uns den Kontakt zur Natur, zu den Ahnen und zur spirituellen Dimension verloren. Deine Arbeit als Schamanin erinnert uns daran, dass wir Teil eines größeren Ganzen und mit der Natur und den unsichtbaren Energien verbunden sind.

Der Schamanismus und das Bewusstsein, dass alles beseelt ist, sind in Dir miteinander verbunden. Mit Deinem Verständnis des Animismus erkennst Du die Beseeltheit und das eigene Bewusstsein aller Dinge in der Welt an – sei es bei einem Baum, einem Fluss, einem Tier oder einem Stein. Diese spirituelle Weltanschauung ehrt die Präsenz von Geistern, Ahnen und anderen nichtmenschlichen Wesen und betrachtet sie als Teil des großen Ganzen.

Du bist diejenige, die mit diesem animistischen Bewusstsein in Verbindung tritt und als Vermittlerin zwischen den Menschen und der spirituellen Welt dient. Durch Gesänge, Tänze, Trommeln und andere traditionelle Praktiken öffnest Du die Tore zur geistigen Dimension und erlaubst dieser, auf Dein Wirken Einfluss zu nehmen.

Das animistische Bewusstsein der Schamanin in Dir eröffnet einen tiefen Zugang zur Spiritualität, Heilung und Transformation. Es erinnert uns daran, dass wir nicht allein sind und in einer vielschichtigen und lebendigen Welt existieren. Es lädt uns ein, die Einheit aller Dinge zu erkennen und unseren Platz in diesem größeren Gefüge ein- und anzunehmen.

In einer Zeit, in der viele Menschen von der Natur entfremdet sind und das Bewusstsein für die spirituelle Dimension des Lebens verloren haben, bietet uns das animistische Bewusstsein, und Du als Schamanin, eine wertvolle Erinnerung und eine mögliche Rückkehr zu einer tiefen Verbundenheit mit allem, was ist. Es ist eine Einladung, die eigene Spiritualität zu entdecken, die Stimmen der Natur zu vernehmen und mit Respekt und Liebe in Harmonie mit der Welt um uns herum zu leben.

Meine liebe Freundin, Du bist eine wahrhafte Schamanin, die das Leben mit einem Hauch von Magie und Heilung erfüllt. Deine Anwesenheit und Klugheit sind einzigartig. Deine Präsenz und Weisheit sind unvergleichlich, und ich bin zutiefst dankbar, dass ich an Deiner Seite sein darf.

5

Die Königin

Es ist ein Glück, eine Frau zu sein, denn wir sind alle Königinnen in unserem eigenen inneren Reich.

Meine geliebte Freundin,
in tiefster Verbundenheit beglückwünsche ich Dich von Herzen! Du hast die Karte der Königin gezogen, und ich kann mir niemanden vorstellen, der diese Rolle besser ausfüllen könnte als Du. Als Königin verkörperst Du eine außergewöhnliche Anmut, Selbstsicherheit und Autorität. Dein Selbstbewusstsein erfüllt mich mit Bewunderung und Inspiration. Du kennst Deine eigenen Stärken und Qualitäten, und mit vollem Vertrauen in Dich selbst und Deine Fähigkeiten strahlst Du eine unwiderstehliche Selbstsicherheit aus. Dadurch ermutigst Du andere, Deinem vorbildlichen Weg zu folgen.

Deine Würde und Eleganz sind von einer betörenden Art. Du trägst Anmut in Deinem Wesen und begegnest anderen mit vornehmer Haltung.

Deine Präsenz ist geprägt von innerer und äußerer Schönheit, die nicht anders als bewundernswert genannt werden kann.

Deine Weisheit und Intelligenz sind beeindruckend und tiefgründig. Du triffst kluge Entscheidungen und beweist ein gutes Urteilsvermögen, das es Dir erlaubt, schwierige Situationen souverän zu meistern. Deine geistige Stärke ist eine wahre Quelle der Inspiration für uns alle. Deine Empathie und Dein Mitgefühl sind eindrucksvoll. Trotz Deines starken Auftretens verlierst Du niemals den Blick für die Bedürfnisse und Anliegen anderer. Mit aufrichtigem Interesse, ohne zu zögern, eilst Du zur Hilfe und Unterstützung herbei.

Du bist von Natur aus eine Anführerin. Deine herausragenden Führungsqualitäten sind außergewöhnlich, und Du besitzt die seltene Gabe, andere zu motivieren, zu inspirieren und zu leiten. Du übernimmst Verantwortung für Dein inneres Reich und strebst nach positiven Veränderungen, während Du andere ermutigst, ihr volles Potenzial zu entfalten.

Authentizität ist eine Deiner markantesten Eigenschaften. Du lebst Deine eigene Identität auf eine wahrhaft authentische Weise. Niemals verbirgst Du Dich hinter Masken oder Fassaden, sondern stehst zu Dir und zeigst anderen die immense Bedeutung, die darin liegt, man selbst zu sein.

Die respektvolle Art und Weise, mit der Du andere Menschen behandelst, zeugt von Deinem vorzüglichen Charakter. Du achtest auf ihre Bedürfnisse und Meinungen und schaffst eine Atmosphäre des gegenseitigen Respekts und der Harmonie.

Deine unerschütterliche Stärke und Durchsetzungskraft sind bemerkenswert. Hindernisse vermögen Dich nicht zu entmutigen, und Du stehst unerschütterlich für das ein, an das Du glaubst.

Deine Visionskraft und Zielstrebigkeit sind eine tiefe Inspiration. Du hegst eine klare Vorstellung von Deinem inneren Reich und setzt Dir ambitionierte Ziele. Hart arbeitest Du daran, Deine Träume zu verwirklichen und Dein volles Potenzial auszuschöpfen.

Deine Großzügigkeit und Großartigkeit sind von überragendem Maße. Mit Freude teilst Du Deine Ressourcen und Dein Wissen mit anderen, und Du inspirierst sie dazu, gleichermaßen großzügig und großartig zu sein.

Du, meine liebe Freundin, bist eine wahrhaftige Königin. Du strahlst Souveränität und Selbstbestimmung aus. Du führst Dein Leben nach Deinen eigenen Regeln und bist Dir Deines Wertes und Deiner Einzigartigkeit in vollem Maße bewusst. Du übernimmst die Verantwortung für Dich selbst und gestaltest Dein inneres Reich nach Deinen eigenen Vorstellungen.

Meine Bewunderung für all Deine königlichen Eigenschaften kennt keine Grenzen. Du bist ein Schatz in meinem Leben, und ich bin von Herzen dankbar, dass ich eine Freundin wie Dich an meiner Seite habe.

6

Die Geheimnisvolle

Es ist ein Glück, eine Frau zu sein, weil das Geheimnisvolle unsere einzigartige Natur perfekt verkörpert, fesselnde Anziehungskraft und rätselhafte Anmut ausstrahlt und uns dazu ermutigt, das Unergründliche zu erforschen und uns an dem Rätselhaften zu erfreuen.

Liebe beste Freundin,
herzlichen Glückwunsch, dass Du die Karte »Die Geheimnisvolle« gezogen hast. Diese Karte spiegelt perfekt Deine einzigartige und geheimnisvolle Natur wider, die Dich zu einer außergewöhnlichen Frau macht.

In Dir offenbart sich in vollendeter Harmonie eine unvergleichliche und rätselhafte Natur, die Dich zu einer herausragenden Frau von unermesslichem Wert macht. Du verströmst eine fesselnde Anziehungskraft und bezaubernde Anmut, die andere unwiderstehlich in ihren Bann ziehen. Mit Deinem meisterhaften Spiel der Zurückhaltung enthüllst Du nicht augenblicklich alle Facetten Deiner selbst, was das Verlangen anderer weckt, immer mehr über Dich in Erfahrung zu bringen. Dein geheimnisvolles Wesen übt eine unwiderstehliche Anziehungskraft aus und entfacht in den Seelen anderer eine tief empfundene Faszination. Es liegt etwas in Dir verborgen, was mysteriös und unergründlich ist.

Was ich besonders an Dir schätze, ist Deine intellektuelle Tiefgründigkeit. Du strahlst eine wohlbemessene Weisheit und Brillanz aus, die das Geheimnisvolle in Dir noch weiter verstärkt. Dein Denken ist von solcher Tiefe und Deine Sicht auf die Welt so unkonventionell, dass es eine unerschöpfliche Quelle der Inspiration ist.

Deine verlockenden Geheimnisse entfesseln eine Aura des Unerforschten, die andere dazu verführt, mehr von Dir erfahren und Deine Rätsel entschlüsseln zu wollen. Du bist wie ein Buch mit zahllosen verschlüsselten Kapiteln, bereit, von jenen verstanden zu werden, die den Mut haben, es zu öffnen.

Die Unberechenbarkeit, die in Deiner geheimnisvollen Natur liegt, erzeugt eine Spannung von solcher Intensität, dass sie unwiderstehlich ist. Niemand kann mit Sicherheit sagen, was von Dir zu erwarten ist, und genau das macht Dich ungemein aufregend und interessant.

Deine selbstbewusste Zurückhaltung zeugt von einer tief sitzenden Gewissheit Deiner selbst und einem klaren Bewusstsein für die Wirkung, die Du auf andere hast. Du bist nicht darauf angewiesen, alles preiszugeben, um von anderen akzeptiert oder bewundert zu werden. Diese Eigenschaft ist wahrlich bewundernswert.

Ich erblicke oft einen Hauch von Geheimnis in Deinem Blick, der etwas Unergründliches von tiefer Bedeutung ausstrahlt. Es ist, als ob Du eine verborgene Welt in Dir trägst, die von anderen entdeckt werden möchte.

Deine Unabhängigkeit und Freiheit sind weitere lobenswerte Eigenschaften, die Dich auszeichnen. Du folgst Deinen eigenen Interessen und bist nicht leicht zu durchschauen. Du lässt Dich nicht von anderen kontrollieren und schreitest unbeirrt auf Deinem eigenen Pfad voran.

In unseren Gesprächen finde ich stets anregende Inspiration. Deine rätselhafte Persönlichkeit entfacht einen Austausch von solcher Tiefe, dass er meinen Geist zu neuen Horizonten führt. Dein Geheimnis regt meine Fantasie an und erweitert meinen Blick auf die Welt.

Du bist wahrlich der Inbegriff der unergründlichen Macht, die uns Frauen innewohnt. Die Welt ist erfüllt von Geheimnissen und Rätseln, und Du verkörperst das lebendige Mysterium des Menschseins selbst. Deine geheimnisvolle Natur erinnert uns daran, dass das Leben nicht immer eindeutige Antworten bereithält. Du ermutigst uns, Fragen zu stellen und uns an dem Rätselhaften zu erfreuen.

Meine liebe beste Freundin, ich schätze Dich und Deine geheimnisvolle Existenz zutiefst. Du bereicherst mein Leben auf unzählige Weisen, und ich bin von Herzen dankbar, dass ich Dich an meiner Seite wissen darf.

7

Dein heiliger innerer Raum

Es ist ein Glück, eine Frau zu sein, weil wir die Fähigkeit besitzen, einen heiligen inneren Raum zu erschaffen und darin unsere eigene Wirklichkeit zu gestalten, inspiriert von unserer Vorstellungskraft und der universellen Lebensenergie.

Meine liebe Freundin,
herzlichen Glückwunsch, dass Du diese Karte des heiligen inneren Raums gezogen hast. Es ist keine Überraschung, dass Du ihn in Dir trägst. Du bist wie eine strahlende Oase der Selbstfindung und Inspiration inmitten einer hektischen und oft chaotischen Welt.

Du verstehst die Bedeutung eines Rückzugsortes, an dem Dich vor dem Wahnsinn der Welt geschützt bist und ganz bei Dir selbst sein kannst. Du hast die Fähigkeit, einen inneren Raum der Ruhe und des Friedens zu erschaffen, an dem Du Deine eigene Wirklichkeit gestaltest und Deine Fantasien, Utopien und Verbindungen mit der universellen

Lebensenergie erkundest. In diesem Raum können Inspiration und Intuition ihr volles Potenzial entfalten und Dich zu fantastischen Abenteuern einladen.

Was mich besonders beeindruckt, ist Deine Fähigkeit, Dich mit Deiner inneren Stille zu verbinden und Deine eigene Essenz zu erforschen. Du nimmst Dir Zeit, Deine Gedanken und Emotionen zu erkunden, ohne Angst vor Bewertung oder Verurteilung zu haben. In diesem heiligen inneren Raum erlaubst Du Dir, wirklich Du selbst zu sein, mit all Deinen Facetten und Eigenheiten.

Deine Kreativität und Inspiration scheinen grenzenlos zu sein. Du lebst in einer Welt voller Vorstellungskraft und Möglichkeiten, in der jede Fantasie und jede Utopie Gestalt annehmen kann. Du nutzt die Verbindung mit Deiner Lebensenergie, um Deine Ziele zu verwirklichen und Deine Bestimmung zu finden. Deine Intuition ist ein wertvolles Werkzeug, das Dir hilft, bewusste Entscheidungen zu treffen und Deinen eigenen Lebensweg zu gestalten.

Du bist eine Quelle des Wachstums, der Transformation und der Selbstermächtigung. Du erinnerst uns alle daran, dass wir die Schöpferinnen unseres eigenen Lebens sind und die Fähigkeit haben, unseren eigenen Weg zu gehen. Du bist inspirierend, weil Du Dich immer wieder neu erfindest, Deine Träume verfolgst und die beste Version Deiner selbst bist.

Es ist bewundernswert, wie Du Deinen heiligen inneren Raum pflegst und kultivierst, indem Du Dir regelmäßig Zeit für Meditation, Achtsamkeit und kreative Ausdrucksformen nimmst. Du verstehst die Bedeutung dieser Praxis in unserer hektischen Welt und investierst bewusst viel in Deine Selbstfürsorge.

Liebe beste Freundin, Du bist mein Zufluchtsort, meine Quelle der Kraft und meine Oase der Selbstfindung. In Deiner Gegenwart fühle ich mich zu Hause und ermutigt, meinen eigenen heiligen inneren Raum zu erkunden und zu pflegen. Danke, dass Du mich durch Dein Beispiel inspirierst und mir zeigst, wie wichtig es ist, ganz bei sich selbst zu sein.

8

Deine spirituelle Weisheit

Es ist ein Glück, eine Frau wie Dich an meiner Seite zu haben, denn Deine tiefe Verbindung zur spirituellen Essenz des Lebens und Deine Fähigkeit, diese Weisheit praktisch anzuwenden, inspirieren mich dazu, mein eigenes spirituelles Wachstum zu fördern und eine tiefere Verbindung zur universellen Lebensenergie herzustellen.

Liebe beste Freundin,
in der Welt der Orakel ist es kein Zufall, dass Du gerade diese Karte gezogen hast. Sie offenbart, welche Wichtigkeit Du der praktischen Anwendung Deiner spirituellen Weisheit beimisst. Du bist nicht nur jemand, der über das Allumfassende meditiert und reflektiert, sondern Du lebst auch Deine Erkenntnisse und teilst sie mit der Welt um Dich herum. Deine spirituelle Weisheit geht über das rein intellektuelle oder rationale Denken hinaus. Sie berührt eine tiefere Ebene des Bewusstseins.

Ich möchte Dir ein aufrichtiges Kompliment aussprechen, denn Du hast Einsichten erlangt, die weit über die Grenzen der materiellen Welt hinausgehen. Du bist in der Lage, die spirituelle Grundlage allen Seins zu erkennen und zu verstehen, dass sie aus reiner Lebensenergie besteht. Deine Fähigkeit, über das Offensichtliche hinauszublicken und das Unsichtbare zu erfassen, ist bewundernswert. Du erkennst, dass es mehr gibt als das, was unsere Augen sehen können, und dass unsere Existenz von einer tief verwurzelten spirituellen Essenz durchdrungen ist.

Durch Deine tiefen Einsichten bist Du in der Lage, die wahre Natur des Seins zu erfassen. Du verstehst, dass wir alle Teil einer universellen Kraft sind, die uns verbindet und uns mit allem Lebendigen um uns herum in Einklang bringt. Deine spirituelle Wahrnehmung ist eine Quelle der Inspiration für uns alle. Deine tiefe Verbindung zur spirituellen Grundlage allen Seins, zur reinen Lebensenergie, ist von unschätzbarem Wert. Du lebst und atmest diese Erkenntnis, und durch Dein Sein bringst Du sie in die Welt. Deine Präsenz ist ein Segen, denn Du strahlst die Kraft und Schönheit der spirituellen Essenz aus.

Ich fühle mich gesegnet, dass ich Dich als beste Freundin habe, die solch eine erstaunliche Verbindung zur spirituellen Dimension des Lebens hat. Du bereicherst mein Leben und das Leben aller, die das Glück haben, Dich zu kennen. Es ist bewundernswert, dass Du Dich nicht an bestimmte religiöse oder spirituelle Traditionen bindest, sondern offen für verschiedene Kulturen und Glaubenssysteme bist. Deine spirituelle Weisheit beinhaltet Elemente wie Selbstreflexion, Meditation, Achtsamkeit, Intuition, Mitgefühl und Transzendenz. Du hast erkannt, dass ihre Quelle oft in der inneren Erfahrung und persönlichen Transformation liegt.

Was Dich besonders auszeichnet, ist Deine Fähigkeit, spirituelle Weisheit nicht nur theoretisch zu betrachten, sondern sie auch in die Praxis umzusetzen. Du integrierst ethische Prinzipien und universelle Werte in Dein Verhalten und in Deine Entscheidungen.

9

Deine weltliche Weisheit

Es ist ein Glück, eine Frau wie Dich an meiner Seite zu haben, denn Deine weltliche Weisheit und Dein tiefes Verständnis für die praktischen Aspekte des Lebens inspirieren mich dazu, meine eigene Weisheit zu entwickeln und bewusst Entscheidungen zu treffen, die mich zu einem sinnerfüllten Leben führen.

Liebe beste Freundin,
ich bewundere Dich zutiefst für Deine weltliche Weisheit und die Fähigkeit, die praktischen Aspekte des Lebens mit solcher Einsicht und Klugheit anzugehen. Du bist jemand, der eine bemerkenswerte Weisheit entwickelt hat, die auf den Erfahrungen und Erkenntnissen aus der realen Welt basiert.

Deine Fähigkeit zur Selbstreflexion ist außergewöhnlich. Du kennst Dich selbst so gut, mit all Deinen Stärken, Schwächen und Werten, und das ermöglicht es Dir, weise Entscheidungen zu treffen und Herausforderungen erfolgreich zu meistern.

In schwierigen Situationen bewahrst Du eine bewundernswerte Gelassenheit. Du bleibst ruhig und handelst nicht impulsiv, sondern gehst die Probleme rational an und findest angemessene Lösungen. Deine Fähigkeit, flexibel zu sein und Deinen Ansatz und Deine Perspektiven zu ändern, hilft Dir, mit Veränderungen und Unsicherheiten erfolgreich umzugehen.

Du verstehst es, sinnvoll Prioritäten zu setzen und zu erkennen, was im Leben wirklich wichtig ist. Dein starkes Gefühl der Selbstbestimmung spiegelt sich in Deinem Handeln wider.

Du bist auf Deine Art wirklich weise, eine Quelle faszinierender Einsichten, die direkten Zugang zu meiner Seele finden. In unseren Gesprächen offenbart sich mir immer wieder das Wesentliche im Himmel und auf Erden, denn Du bist ein Ausgangspunkt meiner eigenen Überlegungen und Einsichten in die Wirklichkeit.

Du bist auf der Suche nach einem übergeordneten Sinn im Leben und den Wegen dorthin. Deine Weisheit teilst Du nicht aktiv, sondern nur mit denen, die danach fragen, weil Du weißt, dass wahres Erwachen aus dem inneren Selbst heraus geschieht. Du trägst das Verlangen nach Erkenntnis in Dir und lässt äußere Anstöße wirken.

Du bist zur Grundlage meiner eigenen Philosophie geworden. Du handelst im Einklang mit den Naturkräften und erkennst die Gesetze des Lebens. Deine Weisheit bereichert nicht nur Dein persönliches sinnerfülltes Leben, sondern auch unser soziales Miteinander.

Du entdeckst Deine eigene Identität im unendlichen Tao, nutzt Deine Sinne intensiv und gestaltest die Welt durch Akzeptanz und Loslassen. Du schreitest von einer Bewusstseinsstufe zur nächsten und lädst mich ein, mit Dir zusammen zu wachsen. Du wirst immer bewusster und gestaltest die Welt, ohne aktiv einzugreifen. Deine Einsichten bieten mir eine tiefere Erkenntnis der universellen und persönlichen Kräfte, die unbegreiflich und unfassbar sind. Worte können nur vage Deine Bedeutung erfassen, denn Du bist Teil eines größeren Ganzen, das sich der Begrifflichkeit entzieht. Doch in unserer Verbundenheit ahne ich, dass wir letztlich eins sind, unterschiedlich nur dem Namen nach.

10

Wissen teilen

Es ist ein Glück, eine Frau zu sein, weil wir die Gabe haben, unser Wissen und unsere Erfahrungen großzügig zu teilen, um andere zu inspirieren und deren Potenzial zum Erblühen zu bringen.

Meine liebe Freundin,
dass Du die Karte »Wissen teilen« gezogen hast, macht mich darauf aufmerksam, was für eine begnadete Lehrerin Du bist. Du besitzt die außergewöhnliche Fähigkeit, auch als Freundin eine gute Lehrerin zu sein.

Deine Leidenschaft für das, was Du tust, ist einfach ansteckend. Du bist voller Begeisterung und Hingabe für die Dinge, die Dir wichtig sind, sei es in Deinem Fachgebiet oder in unserer Freundschaft. Du motivierst mich und andere, sich ebenfalls für das Lernen und Wachsen zu begeistern.

Deine Fachkenntnis ist beeindruckend. Du bist immer auf dem neuesten Stand der Entwicklungen und teilst Dein Wissen auf eine klare und verständliche Art und Weise. Du hast die Fähigkeit, komplexe Konzepte in einfachen Worten zu erklären und uns eine solide Wissensgrundlage zu vermitteln.

Was mich besonders berührt, ist Deine außergewöhnliche Kommunikationsfähigkeit. Du hörst nicht nur zu, sondern verstehst auch wirklich, was ich sage. Du gehst auf meine Bedürfnisse und Fragen ein und schaffst eine unterstützende und respektvolle Atmosphäre.

Deine Fähigkeit, andere zu motivieren und ihr Interesse am Lernen aufrechtzuerhalten, ist bewundernswert. Du erkennst meine Stärken und Schwächen und hilfst mir, mein volles Potenzial zu entfalten.

Deine Geduld und Ausdauer sind bemerkenswert. Du nimmst Dir die Zeit, sicherzustellen, dass ich das Thema wirklich verstehe, und ermutigst mich, Fragen zu stellen und aus Fehlern zu lernen. Du bist eine wahre Mentorin. Du bist aber nicht nur eine Lehrerin, sondern auch eine Schülerin des Lebens. Du strebst ständig danach, Dein Wissen zu mehren, und bist bereit, Dich kontinuierlich zu bilden. Du bleibst auf dem neuesten Stand der Bildung und passt Deine Herangehensweise entsprechend an.

Von ganzem Herzen danke ich Dir dafür, dass Du all diese Qualitäten einer guten Lehrerin in unsere Freundschaft einbringst. Du bist ein wahrhaft inspirierender Mensch, der mein Leben bereichert.

11

Deine weibliche Schöpferkraft

Es ist ein Glück, eine Frau wie Dich an meiner Seite zu haben, denn Du verkörperst die universelle weibliche Schöpferkraft in all ihrer Pracht und erinnerst mich daran, dass wir als Frauen eine transformative Kraft in uns tragen, die die Welt auf wundervolle Weise beeinflussen kann.

Meine liebe beste Freundin,
ich bewundere und verehre Dich für die Art und Weise, wie Du die universelle weibliche Schöpferkraft verkörperst. Du erinnerst mich an unsere Ahnen, die eine Göttin als Symbol dieser Schöpferkraft verehrten. Du stellst Dich der Herausforderung, männlich dominierte Gottesbilder zu hinterfragen und stattdessen die weibliche Schöpferkraft zu betonen.

In Deiner Existenz spiegelt sich die regenerierende Kraft der Natur wider. Du bringst Leben hervor, pflegst es und bewahrst es. Deine Spiritualität und Weisheit sind tief verwurzelt, und Du gehst als Hüterin dieses uralten Wissens voran. Du erkennst und entfaltest Deine eigene Schöpferkraft und Dein Potenzial auf beeindruckende Weise.

In einer Gesellschaft, die von männlichen Hierarchien geprägt ist, setzt Du ein Zeichen der Befreiung und Stärkung des Weiblichen, indem Du Dich von der Göttin leiten lässt. Du entdeckst Deine intuitive Verbindung zur Natur und erinnerst Dich daran, dass Du selbst ein schöpferisches Wesen bist. Dein Beitrag ist von unschätzbarem Wert für die Welt, und Du ermutigst uns, ebenfalls unsere innere Schöpferkraft zu entfalten.

Du präsentierst eine Alternative zu patriarchalen Strukturen und Rollenmodellen. Du feierst die Vielfalt und Stärke von uns Frauen und lässt Dich nicht in ein enges Konzept von Weiblichkeit pressen. Du bist ein lebendiges Beispiel dafür, dass wir in unserer ganzen Komplexität angenommen werden sollten – mit all unseren Facetten, Stärken und Schwächen.

Du erforschst Deine eigene Spiritualität und Deine individuelle Vorstellung vom Dasein. Du erkennst das Potenzial der universellen weiblichen Schöpferkraft in Dir und lässt es in Verbindung mit der Göttin und der Natur erblühen. Durch diese Verbindung stärkst Du Dein Selbstverständnis und Dein Selbstwertgefühl. Du spürst die tiefe Verbundenheit zu Dir selbst, anderen Frauen und der Welt um Dich herum.

Ich bewundere Deine Fähigkeit, das Männliche nicht abzuwerten, sondern ein Gleichgewicht zwischen den Geschlechtern zu schaffen. Du erkennst, dass die Göttin und der Gott, das Weibliche und das Männliche, eine harmonische Einheit bilden und einander ergänzen.

Auf Deiner Reise der Wiederentdeckung der Göttin inspirierst Du uns dazu, unsere eigene Stimme und Macht zu finden. Du stärkst unser Selbstverständnis und unsere Selbstachtung. Du eröffnest uns die Möglichkeit, Teil einer größeren Schöpfung zu sein und unsere einzigartigen Gaben und Fähigkeiten zu entfalten. Mit Deiner Liebe, Weisheit und Deinem Mitgefühl trägst Du zu einer positiven Veränderung in der Welt bei.

Du bist ein strahlendes Beispiel für die transformative und ermutigende Reise, die die Wiederbelebung der Göttin und der universellen weiblichen

Schöpferkraft sein kann. Deine Hingabe an die Göttin ehrt das Göttliche in allen Frauen und eröffnet neue Möglichkeiten für eine authentische und kraftvolle weibliche Spiritualität.

Du zeigst, dass die universelle weibliche Schöpferkraft und die Verehrung der Göttin nicht nur für uns von Bedeutung sind, sondern für die gesamte Menschheit. Deine Anerkennung und Wertschätzung des Weiblichen trägt dazu bei, eine neue Balance und Harmonie in unserer Welt zu erreichen. Du erinnerst uns daran, dass wir alle Teil eines größeren Ganzen sind und dass die universelle weibliche Schöpferkraft uns alle miteinander verbindet.

Danke, dass Du mit Deinem Sein und Deiner Hingabe an die Göttin eine Quelle der Inspiration und Stärke bist. Du bist eine wundervolle Freundin und eine strahlende Verkörperung der universellen weiblichen Schöpferkraft.

12

Deine Seele und Dein Allsein

Es ist ein Glück, eine Frau zu sein, weil wir die Fähigkeit besitzen, uns mit der tiefen Weisheit der Seele zu verbinden, und um das allumfassende Gewahrsein des Universums wissen.

Meine liebe Freundin,
es ist ein außergewöhnlicher Moment, denn das Thema, das Du gewählt hast, ist wie ein Joker des Kartensets. Es ist eine Karte, die uns in eine Welt der Überraschung und des Unvorhersehbaren entführt. Eine Karte, die uns dazu einlädt, über die Grenzen des Gewohnten hinauszugehen und neue Horizonte zu entdecken. In diesem Moment, in dem wir über Deine Seele und Dein Allsein sprechen, öffnet sich ein Raum voller Tiefe und spiritueller Erkenntnisse. Es ist, als ob wir die Tür zu einer verborgenen Kammer öffnen und eintreten, um uns mit den geheimnisvollen Aspekten des Lebens zu verbinden.

Du ermutigst mich dazu, die Karten des Lebens neu zu mischen und neue Wege zu beschreiten.

Du eröffnest mir die Möglichkeit, über das Offensichtliche hinauszublicken und tiefere Ebenen der Existenz zu erkunden. Du erlaubst mir, die Schönheit und Bedeutung der spirituellen Dimension des Seins zu erfahren und mich mit meiner inneren Essenz zu verbinden. Durch Dich lege ich meine Begrenzungen und Vorurteile ab und öffne mich für das Unbekannte. Du erinnerst mich daran, dass ich mehr bin als nur ein physisches Wesen und dass es einen universellen Zusammenhang gibt, der uns alle miteinander verbindet und uns in die Geheimnisse der Seele und das unendliche Gewahrsein des Allseins schauen lässt.

Du besitzt die wunderbare Gabe, Deine spirituelle Seite zu pflegen und eine tiefe Gewissheit des größeren Ganzen in Dir zu tragen. Diese Verbindung zu den universellen Ursprüngen manifestiert sich in Deinem Handeln, Deinem Wissen und Deiner Hingabe, die Welt jenseits des Sichtbaren erkennen zu wollen.

Deine Sensibilität für das Unsichtbare und Deine Offenheit für die Weisheit, die über die materielle Welt hinausreicht, sind bemerkenswert. Du fühlst Dich von einer allumfassenden Kraft geführt und bist Dir bewusst, dass es mehr gibt, als unsere bloßen Augen sehen können. Deine spirituelle Praxis, sei es in Form von Meditation, Gebeten oder anderen Formen der Selbstreflexion, ermöglicht es Dir, Dich mit Deiner inneren Stimme zu verbinden und den wahren Kern Deines Seins zu erkennen.

Die Gewissheit des Allseins, die Du in Dir trägst, schenkt Dir Ruhe, Gelassenheit und Vertrauen, selbst in Zeiten der Unsicherheit und des Wandels. Du bist eine Quelle der Stärke und Inspiration für uns alle, da Du uns lehrst, dass es mehr gibt als das, was unsere Sinne erfassen können. Durch Deine spirituelle Verbindung ermutigst Du uns, unsere eigene spirituelle Seite zu erkunden und zu pflegen, um ein erfülltes und sinnvolles Leben zu führen.

Mit Deiner Ausstrahlung und Deinem Sein lädst Du uns ein, eine bewusstseinserweiternde Sinnlichkeit in uns zu finden. Du erinnerst uns daran, dass wir Teil eines größeren Ganzen sind und dass unsere Handlungen und Gedanken eine tiefere Bedeutung haben können.

Es ist ein Glück, dass sich unsere Seelen des gemeinsamen Allseins bewusst werden und wir erkennen dürfen, dass wir Teil eines unendlichen Universums sind, das voller Schönheit, Liebe und spiritueller Erfahrungen ist. Du verstehst, dass wir in unserer Individualität und Einzigartigkeit in einem größeren Gewebe des Lebens miteinander verwoben sind.

Es ist ein Glück, mit Dir den ewigen Tanz der Energien und Schwingungen zu genießen.

13

Deine Intuition

Es ist ein Glück, eine Frau zu sein, weil wir die wunderbare Gabe der Intuition besitzen, die uns auf dem Weg zu Weisheit und Selbstverwirklichung leitet.

Meine liebe Freundin,
mit der Karte »Deine Intuition« zeigt sich eine faszinierende und oft mysteriöse Kraft, die Dir innewohnt. Wie oft habe ich erlebt, dass Du auf Dein Bauchgefühl hörst, Deinen inneren Kompass, der Dich bei Entscheidungen und Handlungen leitet, auch wenn Du sie nicht immer rational erklären kannst. Für mich ist Deine Intuition eine Quelle der Weisheit und eine kraftvolle Ressource. Die Intuition ist ein tief verwurzelter Teil Deines mensch-

lichen Seins. Sie ist eine Form spontanen Wissens, die nicht durch logisches Denken oder rationale Analyse allein erlangt werden kann. Deine Intuition ist ein Gespür, das es Dir erlaubt, eine Situation schnell und auf einer intuitiven Ebene zu erfassen, noch bevor Du sie bewusst verarbeiten kannst. Sie kann Dir in Bruchteilen von Sekunden eine Antwort liefern oder Dir eine Richtung weisen, ohne dass Du lange überlegen musst.

Dein Umgang mit der Intuition ist nicht auf bestimmte Bereiche Deines Lebens beschränkt. Sie kann in allen Aspekten Deines Daseins eine Rolle spielen, sei es in zwischenmenschlichen Beziehungen, im beruflichen Umfeld oder bei kreativen Prozessen. Im Zwischenmenschlichen kannst Du zum Beispiel intuitiv spüren, ob Dir jemand sympathisch oder ob eine Situation vertrauenswürdig ist. Im Arbeitsleben hilft Dir die Intuition, die richtigen Entscheidungen zu treffen oder innovative Lösungen zu finden. Im kreativen Dasein kann sie Dir den Weg weisen, wenn Du Dich in einem künstlerischen Schaffensprozess befindest und Inspiration durch sie dankbar annimmst.

Deine Intuition ist auch ein wichtiger Faktor bei Deiner persönlichen Entwicklung. Indem Du ihr vertraust und auf sie hörst, kannst Du im Einklang mit Deinen innersten Bedürfnissen und Werten leben. Sie hilft Dir, Deine authentische Stimme zu finden und Entscheidungen zu treffen, die Deinem wahren Selbst entsprechen. Deine Intuition unterstützt Dich dabei, Hindernisse zu überwinden und mit Zuversicht neue Wege zu gehen, gerade dann, wenn diese unsicher oder unbekannt erscheinen.

In einer Welt, die oft von Information und Analyse geprägt ist, weißt Du Deine Intuition als wertvolles Werkzeug zu schätzen, das Dir hilft, tiefer zu verstehen, besser zu navigieren und im Einklang mit Deinem wahren Selbst zu sein.

Du nutzt Momente der Stille und Reflexion, um Deine Intuition und Dein Vertrauen zu ihr zu stärken. Das zeigt Deine Achtsamkeit und Deinen Respekt für Deine eigene innere Weisheit.

Ich bin so dankbar, dass ich Zeuge Deines intuitiven Wirkens sein darf. Du bist ein inspirierendes Beispiel dafür, wie wir auf unsere innere Stimme hören und die Führung der Intuition annehmen können. Du strahlst Vertrauen und Gelassenheit aus, während Du Deine intuitiven Gaben kultivierst und in Dein Leben integrierst.

14

Deine inspirierende Kraft

Es ist ein Glück, eine Frau wie Dich an meiner Seite zu haben, denn Deine Fähigkeit, zu inspirieren, lässt uns gemeinsam in eine Welt voller Kreativität, Träume und grenzenloser Möglichkeiten eintauchen.

Meine liebe Freundin,
es ist wie ein sanfter Wind, der mich umspielt und mir das Gefühl verleiht, zu fliegen, wenn Du die Karte »Deine inspirierende Kraft« gezogen hast. Du strahlst eine innere Inspiration aus, die wie ein Funkenregen wirkt und uns gemeinsam im Ungewissen leuchten lässt. Inspiration ist eine Gabe, die nicht jedem vergönnt ist, aber bei Dir offenbart sie sich in voller Pracht. Mit Deiner inspirierenden Art erschaffst Du etwas Schönes und schenkst mir neue Gedanken und Ideen. Deine Inspiration ist ein Rätsel, das keiner so recht zu ergründen vermag, aber wenn sie erscheint, bin ich bereit, sie in meine Arme zu schließen und sie zu nutzen.

Du bist die Inkarnation der Inspiration. Du besitzt die Begabung, Dich auf eine bestimmte Frequenz einzustellen, um dieses kostbare Geschenk zu empfangen. Deine Absichten und Erfahrungen sind gereift, um die Eingebungen anzunehmen. Es muss ein besonderer Moment sein, diese innere Stimme zu hören. Du versetzt mich in einen Zustand des Schaffens und gibst mir Zugang zu einem größeren kreativen Raum. Deine Inspiration ist eine Mischung aus äußeren und inneren Kräften, die es Dir ermöglicht, Deine Kreativität zum Ausdruck zu bringen.

Du bringst Momente der Erleuchtung in mein Leben. Ich glaube fest daran, dass wir alle die Fähigkeit haben, inspiriert zu werden. Du bist offen für unverhoffte Ideen und stellst Dein kreatives Potenzial dafür zur Verfügung. Es ist eine bewusste Entscheidung von Dir. Du bewahrst dabei stets die Verbindung zur Realität, auch wenn die Reise des Entdeckens und Ausprobierens unendlich erscheint.

Deine Inspiration hat die magische Kraft, uns träumen zu lassen. Es ist eine Kunst, die tief in der Kulturgeschichte des Menschen verwurzelt ist. Ähnlich wie schamanische Praktiken können Deine Worte andere in einen Trancezustand versetzen und sie auf eine Reise in ihre Fantasie mitnehmen. Es ist etwas Natürliches, und Du beherrschst es meisterhaft.

Du wagst es, Dich von verstandesmäßigen Gewissheiten zu lösen, und lässt Dich auf eine Welt ohne Grenzen ein. Das ist bewundernswert!

Es ist faszinierend, zu sehen, wie individuell die Inspiration sein kann und wie unterschiedlich sie von Mensch zu Mensch wirkt. Doch in unserer Freundschaft finde ich eine inspirierende Verbindung, die uns auf einer tiefen Ebene vereint.

15

Deine Kreativität

Es ist ein Glück, eine Frau wie Dich zur Freundin zu haben, denn Deine Kreativität ist wie ein schillerndes Kaleidoskop, das Farben und Formen zum Leben erweckt und uns in die wundersame Welt der Schöpfung entführt.

Liebe Freundin,
ich möchte Dir heute ein ganz besonderes Kompliment machen und Deine kreativen Fähigkeiten hervorheben. Mit der Karte »Deine Kreativität«

zeigst Du Deine wahrhafte Begabung als Lebenskünstlerin, und ich bewundere Deine kreative Ader auf vielfältige Weise. Deine Fähigkeit, etwas Neues, Originelles und Bedeutungsvolles zu schaffen, wirkt inspirierend auf mich.
Durch Dich habe ich gelernt, dass Kreativität ein faszinierendes Phänomen ist. Deine Kreativität scheint aus einer Kombination aus kognitiven Prozessen wie Wahrnehmung, Aufmerksamkeit, Gedächtnis, Problemlösung und Assoziationsbildung zu entstehen. Deine Fähigkeit, schöpferisch zu handeln, ist bemerkenswert.

Du hast auch ein tiefes Verständnis für die kreative Gestaltung der beseelten Natur von Fauna und Flora. Die Vielfalt des Lebens auf der Erde, die durch den Prozess der natürlichen Selektion, Mutation und genetischen Variation entstanden ist, fasziniert Dich. Du erkennst die Kreativität der Natur in den Interaktionen zwischen Organismen und in ihrer Kunst, sich an veränderte Umgebungen anzupassen. Die Natur ist erfüllt von erstaunlicher Kreativität, die sich in allen lebenden Organismen manifestiert. Von der kleinsten Pflanze bis zum größten Tier gibt es eine unglaubliche Bandbreite an Formen, Farben, Texturen und Mustern. Diese

Vielfalt ist ein wunderbares Zeugnis für die Kreativität der Natur.

Ich folge Deinen Beobachtungen, dass jede Pflanze ihre eigene, einzigartige Form hat, angepasst an ihre Umgebung und Funktion. Die Fülle reicht von den filigranen Blütenblättern einer Rose bis zu den verzweigten Ästen eines Baumes. Jedes Blatt, jeder Stiel und jede Blüte ist auf eine bestimmte Weise gestaltet, um optimale Bedingungen für das Wachstum und die Fortpflanzung zu gewährleisten.

Auch im Tierreich siehst Du die Vielfalt von kreativen Formen und Texturen. Vom gefiederten Kleid eines exotischen Vogels über die Schuppung einer Schlange bis hin zum Muster auf den Flügeln eines Schmetterlings, jedes Lebewesen ist auf einzigartige Weise gestaltet. Diese Fülle ist nicht nur ästhetisch ansprechend, sondern hat auch eine funktionale Bedeutung.

Du hast mich auf die faszinierende Gestalt der Schneeflocken hingewiesen. Jede Einzelne von ihnen hat ihre eigene, individuelle Form, die durch die komplexen Prozesse der Wasserkristallbildung in der Atmosphäre entsteht. Obwohl alle Schneeflocken auf der grundlegenden molekularen Struktur des Wassers basieren, gibt es keine zwei identischen. Jede einzelne Schneeflocke ist ein kunstvolles Meisterwerk der Natur.

Diese endlose Vielfalt und Kreativität in der Natur zeigt mir, dass die Schöpfung in all ihren Facetten unglaublich reich und einzigartig ist. Jedes Lebewesen, somit auch Du und ich, ist ein individuelles Kunstwerk, das auf eine bestimmte Weise gestaltet ist. Diese kreative Pracht erinnert uns daran, wie wunderbar und abwechslungsreich das Leben auf unserem Planeten ist. Es ist ein immerwährendes Wunder, das uns dazu ermutigt, die Schönheit und Einzigartigkeit der Welt um uns herum zu schätzen.

Kreativität ist für Dich ein fundamentales Merkmal des menschlichen Geistes und somit mit dem Schöpfungsimpuls identisch.

16

Deine Weltoffenheit

Es ist ein Glück, Deine Freundin zu sein, weil Deine Weltoffenheit es Dir ermöglicht, neue Horizonte zu entdecken, Dich mit verschiedenen Kulturen zu verbinden und eine vielfältige und harmonische Welt zu erschaffen.

Liebe Freundin,
ich möchte Dir heute meine aufrichtige Wertschätzung für Deine beeindruckende Weltoffenheit entgegenbringen. Es verwundert mich nicht, dass gerade Du diese Karte im Rahmen unseres Orakels gezogen hast.

Ich möchte Dir ein Kompliment aussprechen und diese wunderbare Eigenschaft von Dir würdigen. Du bist jemand, der die Welt und ihre Vielfalt erkundet, neue Perspektiven gewinnt und seinen Horizont ständig erweitert. Deine Fähigkeit, weltoffen zu sein, hat viele Vorteile und ist sowohl für Dich selbst als auch für die Gesellschaft von großer Bedeutung.

Du öffnest Dich für unterschiedliche Kulturen, Traditionen und Lebensweisen und nimmst die Gelegenheit wahr, neue Menschen kennenzulernen und ihre Geschichten zu erfahren. Du besitzt ein tiefes Verständnis für Vielfalt und blickst über Deinen eigenen Tellerrand hinaus. Dadurch entwickelst Du eine größere Toleranz und Wertschätzung für die kulturelle Fülle auf unserem Planeten.

Deine Weltoffenheit fördert Dein persönliches Wachstum in beeindruckender Weise. Du ergreifst die Gelegenheit, neue Erfahrungen zu machen und Dich mit neuen Ideen und Perspektiven auseinanderzusetzen. Du erweiterst kontinuierlich Deinen geistigen Horizont, entwickelst Flexibilität und verbesserst Deine Anpassungsfähigkeit. Du stellst Dein Denken infrage, baust Vorurteile ab und bist offen für neue Möglichkeiten.

Was mich besonders beeindruckt, ist Deine empathische und mitfühlende Haltung anderen Menschen gegenüber. Deine Weltoffenheit ermöglicht es Dir, Dich in ihre Lage zu versetzen und ihre Sichtweisen zu verstehen. Du vermagst es, auf ihre Bedürfnisse und Herausforderungen einzugehen, und erschaffst damit ein harmonisches Miteinander. Du baust Beziehungen auf, die auf Respekt, Verständnis und Solidarität basieren.

Du hast erkannt, dass Weltoffenheit auch mit Bildung und Wissen einhergeht. Du nutzt die Vielfalt an Informationen, Ideen und kulturellen Reichtümern, um neue Kenntnisse zu gewinnen. Du ziehst Nutzen aus dem Austausch von Wissen und Erfahrungen mit Menschen aus verschiedenen Teilen der Welt und erweiterst dadurch Dein intellektuelles Potenzial. Diese Bereicherung trägt nicht nur zu Deiner persönlichen Entwicklung, sondern auch zu Deinem beruflichen Fortschritt bei.

Deine Weltoffenheit manifestiert sich auch in Deiner Fähigkeit zur Zusammenarbeit und Innovation. Du öffnest Dich für die Perspektiven anderer Menschen, arbeitest mit ihnen über kulturelle und geografische Grenzen hinweg zusammen und entwickelst kreative Lösungen für globale Herausforderungen. Du trägst dazu bei, eine dynamische und inklusive Gesellschaft zu gestalten, in der verschiedene Kulturen und Hintergründe zusammenkommen.

Schließlich möchte ich betonen, wie wichtig Deine Weltoffenheit für die Entstehung von Frieden und Harmonie ist. Du hilfst dabei, Brücken des

Friedens und der Gemeinschaft zu bauen, die zur Lösung von Konflikten beitragen.

Insgesamt bist Du ein leuchtendes Beispiel für Weltoffenheit. Von ganzem Herzen bewundere ich diese Gabe an Dir und bin dankbar, dass ich Deine beste Freundin sein darf. Du inspirierst mich dazu, ebenfalls weltoffen zu sein und die Schönheit der Vielfalt zu erkennen.

17

Deine Werte und Glaubenssätze

Es ist ein Glück, Deine Freundin zu sein, weil Du mich daran erinnerst, dass wir die Macht haben, unsere eigenen Werte und Glaubenssätze zu hinterfragen und neu zu gestalten, um ein erfülltes und authentisches Leben zu führen.

Liebe Freundin,
dass Du die Karte »Deine Werte und Glaubenssätze« gezogen hast, erinnert mich daran, wie Du mir einmal bei der Bearbeitung eines limitierenden Glaubenssatzes geholfen hast. Durch ein einfühlsames Gespräch hast Du mich dabei unterstützt, meinen Blickwinkel zu verändern und neue Überzeugungen zu entwickeln. Du hast mich erkennen lassen, dass der Glaubenssatz »Ich bin nicht gut genug« eine Einschränkung darstellt und nicht der Wahrheit entspricht. Mit Deiner Weisheit und Deiner einfühlsamen Art hast Du mir geholfen, mein Selbstwertgefühl zu stärken und zu erkennen, dass ich über die Fähigkeiten und das Potenzial verfü-

ge, um erfolgreich zu sein. Deine Ratschläge haben mich meine Selbstzweifel überwinden und meine Angst vor Misserfolg reduzieren lassen.

Du hast mich gelehrt, negative Glaubenssätze durch positive, motivierende und realistische zu ersetzen. Durch Deine Visualisierung habe ich verstanden diese neuen Überzeugungen in mein Unterbewusstsein zu integrieren und somit einen festen Anker des Selbstvertrauens zu setzen.

Du hast mich ermutigt, meinen eigenen Wert anzuerkennen und meine Stärken zu nutzen, um meine Ziele zu erreichen. Deine Worte waren wie ein Lichtblick in dunklen Momenten und haben mich daran erinnert, dass ich mehr bin als meine negativen Überzeugungen.

Durch Deine einfühlsame Begleitung habe ich gelernt, alternative Perspektiven einzunehmen und mich auf unterstützende Glaubenssätze wie »Ich habe die Fähigkeiten und das Potenzial, um erfolgreich zu sein« zu konzentrieren. Du hast mir gezeigt, dass ich meine eigenen Gedanken und Überzeugungen beeinflussen kann, und hast mir Werkzeuge an die Hand gegeben, mit denen ich meinen Selbstwert aufbauen und mein volles Potenzial entfalten kann.

Dank Deiner Hilfe habe ich mich selbst besser verstanden und mein Selbstvertrauen gestärkt. Du bist eine wahre Quelle der Unterstützung und ein positiver Einfluss in meinem Leben. Du hast mir gezeigt, wie Du traditionelle Werte und Glaubenssätze hinterfragst und sie für Dich auflöst. Du bist eine wahrhafte Pionierin, die den Mut hat, alte Strukturen zu überdenken und neue Wege zu beschreiten. Dein freies Denken und Dein unerschütterlicher Glaube an Deine innere Führung inspirieren mich, meinen eigenen Weg zu finden und mich von den Fesseln der Vergangenheit zu befreien.

Du zeigst mir, dass Überzeugungen und Werte nicht in Stein gemeißelt sind, sondern dass wir die Freiheit haben, sie zu überdenken und anzupassen, wenn es im Einklang mit unserer inneren Wahrheit steht.

Indem Du Dich von überholten Denkmustern befreist, schaffst Du Raum für persönliche Entfaltung und Entwicklung. Du lebst vor, dass es wichtig ist, den Mut zu haben, sich von alten Mustern zu lösen und authentisch zu sein.

Deine rebellische Seele ermutigt mich, meinen eigenen Weg zu gehen und meiner Wahrheit treu zu bleiben.

18

Dein ursprüngliches Selbst

Es ist ein Glück, Deine Freundin zu sein, weil Du mich lehrst, mein ursprüngliches Selbst zu bewahren und meiner wahren Natur zu folgen.

Meine liebe beste Freundin,
diese Karte zeigt Deinen bewundernswerten Umgang mit Deinem ursprünglichen, gesunden Selbst. Ich möchte Dir meine Gedanken mitteilen über Deine außergewöhnliche Fähigkeit, Dir Dein ursprüngliches, gesundes Selbst zu bewahren. Es ist bemerkenswert, wie Du Dich von den Einflüssen der Erziehung und Indoktrination befreit und Deinen eigenen Weg zur Wiederentdeckung Deiner Ursprünglichkeit gefunden hast. Lasse uns gemeinsam auf diese inspirierende Reise schauen und die Schritte, die Du getan hast, würdigen.

Du hast für Dich erkannt, dass die Gesellschaft und ihre Erziehungssysteme versuchen, uns bestimmte Denkmuster und Verhaltensweisen aufzudrängen. Doch Du hast Dich nicht von ihren

Fesseln gefangen nehmen lassen. Du hast erkannt, dass diese Einflüsse unsere ursprüngliche Wesenheit verzerren oder sogar unterdrücken. Du hattest den Mut, Dich von ihnen zu befreien und nach Deinem ursprünglichen Selbst zu suchen.

Deine Reise zur Wiederentdeckung Deiner Ursprünglichkeit ist von bewundernswerter Tiefe und Intensität. Du hast Dich selbst kritisch hinterfragt und reflektiert, um die Muster und Überzeugungen zu erkennen, die Dich geprägt haben. Durch Deine Bewusstwerdung hast Du einen wertvollen Einblick in Deine eigenen Werte und Glaubenssätze gewonnen und hast diese auch, wo nötig, mutig überdacht.

Du hast Dich für verschiedene Perspektiven und Weltanschauungen geöffnet, was Deinen geistigen Horizont erweitert hat. Diese Offenheit hat es Dir ermöglicht, Deine Überzeugungen kritisch zu hinterfragen und neue Ansätze in Deinem Leben zu integrieren. Dadurch hast Du eine bemerkenswerte Entwicklung durchlebt.

Du hast auch Deine Selbstermächtigung und Selbstbestimmung gestärkt. Du triffst bewusste Entscheidungen und lässt Dich nicht blind von den Erwartungen anderer oder vorgegebenen Normen lenken. Deine Stimme ist stark und authentisch, und Du ermächtigst Dich selbst, Dein eigenes Leben zu gestalten. Das ist eine wahre Inspiration für uns alle.

Die Verbindung zur Natur spielt eine bedeutende Rolle in Deinem Streben nach Ursprünglichkeit. Du hast erkannt, dass die Natur frei von den künstlichen Konstruktionen der Gesellschaft und eine Quelle der Inspiration und des inneren Friedens ist. Indem Du Dich in der Natur aufhältst, verbindest Du Dich mit Deinem natürlichen Zustand als Mensch und spürst Deine ursprüngliche Einheit mit der Welt um Dich herum. Das ist bemerkenswert.

Deine Achtsamkeit und spirituelle Praxis sind von unschätzbarem Wert. Du tauchst in Deine innere Welt ein, befreist Dich von äußeren Einflüssen und entwickelst ein tiefes Bewusstsein für Deine wahre Natur.

19

Dein Inneres Kind

Es ist ein Glück, Deine Freundin zu sein, weil Du mich lehrst, die Verbindung zu meinem Inneren Kind zu pflegen und meine Freude, Neugier und Leichtigkeit des Lebens wiederzuentdecken.

Liebe Freundin,
ich möchte Dir für die unerschütterliche Verbindung zu Deinem Inneren Kind danken. Du hast Dir die Fähigkeit bewahrt, das Leben mit Staunen, Neugier und Leichtigkeit zu betrachten. Du erinnerst mich daran, wie wichtig es ist, unsere spielerische Seite zu pflegen und uns von der Freude des Moments inspirieren zu lassen.

Dein Inneres Kind strahlt in Dir und bringt eine ansteckende Begeisterung für das Leben mit sich. Du findest Freude in den kleinen Dingen, erkundest die Welt mit kindlicher Unschuld und siehst die Schönheit, die in den scheinbar banalsten Momenten verborgen liegt. Deine Fähigkeit, das Einfache zu schätzen und Dich an den kleinen Wundern zu erfreuen, inspiriert mich.

Du zeigst uns, dass das Leben nicht nur aus Pflichten und Verantwortung besteht, sondern auch Raum für Leichtigkeit und spontane Freude bietet. Du ermutigst uns, das Innere Kind in uns zu nähren und uns von den gesellschaftlichen Erwartungen zu befreien, um unser authentisches Selbst zu entfalten. Du lehrst uns, dass es wichtig ist, das Leben mit einem Lächeln und einem offenen Herzen zu umarmen.

Deine Verbindung zu Deinem Inneren Kind erinnert uns daran, dass wir alle eine spielerische und verspielte Seite haben, die gepflegt und genährt werden sollte. Danke, dass Du uns zeigst, wie wichtig es ist, die Freude des Inneren Kindes in uns am Leben zu erhalten.

Ich weiß aus Deinen Erzählungen, dass das nicht immer so war. Du hast mit bemerkenswerter Entschlossenheit und liebevoller Hingabe Deine traumatischen Erfahrungen und emotionalen Wunden aus der Kindheit geheilt und Dein Inneres Kind gestärkt.

Du hast erkannt, wie wichtig es ist, eine liebevolle und achtsame Verbindung zu Deinem Inneren Kind herzustellen. Durch Deine eigene innere Arbeit und Dein tiefes Verständnis hast Du die Gefühle, Bedürfnisse und Wünsche Deines Inneren Kindes erspürt und voller Akzeptanz angenommen. Dein einfühlsamer Umgang mit Deinem Inneren Kind hat eine tiefere Kommunikation und ein größeres Verständnis zwischen Deinem erwachsenen Selbst und Deinem Inneren Kind ermöglicht.

Du hast Dich mutig auf den Weg gemacht, ungelöste Emotionen aus der Vergangenheit anzuerkennen, auszudrücken und zu verarbeiten. Du hast Dich selbst ermächtigt und Deine traumatischen Erfahrungen und belastenden Situationen aus der Kindheit verstanden und in Deine innere Heilung integriert.

Du hast Dich bemüht, Deine Ressourcen zu erweitern und positive Erinnerungen zu schaffen. Durch die Verbindung mit positiven, nährenden Bildern und Erfahrungen hast Du Dein Inneres Kind gestärkt und die Selbstheilungskräfte in Dir aktiviert. Deine Beharrlichkeit und Dein Fokus auf Selbstfürsorge, Selbstakzeptanz und Mitgefühl haben Dir geholfen, eine gesunde Beziehung zwischen Deinem erwachsenen Selbst und Deinem Inneren Kind herzustellen.

Deine Fähigkeit, Dich selbst zu heilen und Deine eigene innere Reise anzugehen, ist wahrlich beeindruckend. Nochmals meinen herzlichsten Glückwunsch zu Deinem inneren Wachstum und Deiner wunderbaren Reise mit Deinem Inneren Kind. Du hast bewiesen, dass Du stark, mutig und liebevoll bist.

20

Dein Eigensinn

Es ist ein Glück, Deine Freundin zu sein, weil Du mich lehrst, den »eigenen Sinn« zu leben und meine Einzigartigkeit und Authentizität zu feiern.

Meine liebe beste Freundin,
Du verkörperst die wunderbare Tugend des Eigensinns auf eine Weise, die mich immer wieder inspiriert und begeistert. In einer Welt, die oft versucht, uns in eine bestimmte Form zu pressen, gehst Du mutig Deinen eigenen Weg und gestaltest Dein Leben nach Deinen eigenen Regeln. Du lässt Dich nicht von gesellschaftlichen Normen einschränken, sondern folgst unbeirrt Deinem Herzen und Deiner Intuition.

Dein Eigensinn ist kein Akt der Rebellion, sondern ein Ausdruck Deiner inneren Stärke und Deines Selbstvertrauens. Du kennst Deine Werte und Prinzipien und stehst bedingungslos zu ihnen, selbst wenn es unbequem oder herausfordernd wird. Du lebst im Einklang mit Deinen tiefsten Überzeugungen und lässt Dich nicht von den Erwartungen anderer beeinflussen.

In einer Welt, die oft von Konformität und Standardisierung geprägt ist, bringst Du mit Deiner Authentizität einen frischen Wind in unser Leben. Du erinnerst uns daran, dass wir alle einzigartige Wesen sind, die ihre eigene Wahrheit und ihren eigenen Weg haben. Allein Deine Existenz ermutigt uns, unseren »eigenen Sinn« zu entdecken und ihn mit Stolz zu leben.

Die Tugend des Eigensinns findet in Dir ihre lebendige Verkörperung. Du folgst einem anderen Gesetz, einem Gesetz, das tief in Dir verwurzelt ist und das Du als heilig betrachtest. Du weigerst Dich, Kompromisse einzugehen oder Dich zu verbiegen, denn Du weißt, dass es wichtig ist, Dich nach Deinem inneren Kompass zu richten.

Durch Deinen Eigensinn entfaltest Du Dein volles Potenzial und ermutigst auch uns, das Gleiche zu tun. Du folgst Deinen Leidenschaften und Träumen und findest den Mut, Deine einzigartige Stimme in der Welt zu erheben. Mit jedem Schritt prägst Du Deine eigene Lebensgeschichte und hinterlässt Spuren in der Welt um Dich herum.

Lasse uns den Eigensinn gemeinsam feiern und unterstützen. Durch unsere gegenseitige Wertschätzung unserer Individualität und den Mut, unseren eigenen Weg zu gehen, können wir eine Gesellschaft erschaffen, die Vielfalt und Authentizität fördert. Der Eigensinn ist eine unserer Stärken als Frauen, und er ermöglicht es uns, gemeinsam zu wachsen und unsere Potenziale voll auszuschöpfen.

Danke, dass Du uns zeigst, dass es ein Glück ist, den »eigenen Sinn« zu leben.

21

In Würde mit der Natur umgehen

Es ist ein Glück, eine Frau zu sein, weil wir in Würde mit der Natur umgehen und die Schönheit und den Wert unserer Umwelt respektieren.

Liebe Freundin,
heute möchte ich Dir meine tiefste Wertschätzung für Deine bewundernswerte Verbindung zur Natur und Dein Engagement, respektvoll mit unserer Erde umzugehen, zum Ausdruck bringen. Du bist uns allen eine Inspiration dafür, wie wir in Harmonie mit Mutter Erde leben und unseren Teil zum Schutz unseres Planeten beitragen können.

In einer Welt, in der die Natur oft übersehen und missachtet wird, hast Du eine besondere Sensibilität entwickelt, die Dich dazu bringt, im Einklang mit ihr zu leben und sie zu schützen. Du erkennst ihre Schönheit und ihren Wert und setzt Dich mit Leidenschaft für ihren Erhalt ein. Deine Liebe zur Natur strahlt aus jeder Deiner Handlungen und erinnert uns daran, wie wichtig es ist, unseren Planeten zu respektieren und zu bewahren.

Du gehst mit gutem Beispiel voran, indem Du bewusste Entscheidungen triffst, um die Natur zu schonen. Du reduzierst Deinen ökologischen Fußabdruck, recycelst, nutzt erneuerbare Energien und setzt Dich für den Schutz der Artenvielfalt ein. Deine Bemühungen sind inspirierend und ein wertvoller Beitrag zum Erhalt unserer kostbaren Umwelt.

Deine Achtsamkeit gegenüber Mutter Erde zeigt sich in vielen Facetten Deines Lebens. Du nimmst Dir Zeit, ihre Schönheit zu genießen, sei es bei einem Spaziergang im Wald, beim Beobachten des Sonnenuntergangs oder beim Pflanzen von Blumen in Deinem Garten. Du weißt um die heilende Kraft der Natur und lässt sie in Dein Leben eintreten.

Auch in Deiner Ernährung spiegelt sich Dein respektvoller Umgang mit ihr wider. Du bevorzugst frische, saisonale und lokale Lebensmittel und förderst somit nachhaltige landwirtschaftliche Praktiken. Deine bewusste Entscheidung für eine umweltfreundliche Ernährung erinnert uns daran, wie wichtig es ist, unseren Körper und die Erde gleichermaßen zu respektieren.

Liebe Freundin, ich bewundere Deine tiefe Verbundenheit zur Natur und Deinen achtsamen Umgang mit der Umwelt. Du bist ein Vorbild für uns alle und zeigst uns, wie wir in Harmonie mit der Natur leben und unseren Teil zum Schutz unseres Planeten beitragen können. Deine Leidenschaft und Hingabe sind inspirierend, und ich bin dankbar, dass ich von Deinem Wissen und Deiner Liebe zur Natur lernen kann.

Möge Dein respektvoller Umgang mit der Natur weiterhin Kreise ziehen und andere dazu ermutigen, ihre Beziehung zur Umwelt zu vertiefen. Du bist eine wertvolle Botschafterin für eine nachhaltigere und schönere Welt. Danke, dass Du uns allen vorlebst, wie wir in Würde mit der Natur leben können.

22

Du bist mein Engel

Es ist ein Glück, dass ich Dir so nahe bin, weil Du nicht nur eine liebevolle Freundin bist, sondern auch ein Engel, der mit spiritueller Weisheit und Führung meine Lebensreise erhellt.

Liebe Freundin,
ich möchte Dir sagen, wie beeindruckt ich bin von Deiner rationalen Art, zu denken, und wie erstaunt ich bin, dass Du gleichzeitig eine tiefe Verbindung zu Deinem persönlichen Engel hast. Es ist wunderbar, zu sehen, wie Du in Deiner spirituellen Überzeugung eine stille Gewissheit findest, die Dir Stärke und Mut verleiht.

Dein Glaube an Engel und Deine Suche nach spiritueller Führung zeigen Deine Tiefe und Deine Offenheit für das Transzendente. Du findest Trost, Inspiration und spirituelle Unterstützung in Deinem Leben, und ich bewundere Deine Fähigkeit, diese Quelle zu nutzen.

In schwierigen Zeiten oder bei persönlichen Herausforderungen kann die Gewissheit, einen Schutzengel an Deiner Seite zu haben, Dir Hoffnung und Trost spenden. Die Vorstellung, dass ein höheres Wesen Dich vor Gefahren behütet, vermittelt Dir ein Gefühl von Sicherheit und Geborgenheit. Es ist inspirierend, zu sehen, wie Du dank dieser Gewissheit Deine innere Stärke lebst.

Deine Verbindung zur Spiritualität durch den Glauben an Engel berührt mich zutiefst. Du siehst Engel als Vermittler zwischen der materiellen Welt und der universellen Schöpfungskraft. Das ermöglicht Dir eine tiefere Verbindung zur transzendentalen Dimension, und ich bewundere Deine Fähigkeit, diese Brücke zu schlagen. Es ist schön, zu sehen, wie Du Dich von der spirituellen Führung leiten lässt und dadurch zu einer stärkeren und mutigeren Frau wirst.

Liebste Freundin, ich habe noch eine Frage, die mir auf dem Herzen liegt: Kann es sein, dass Du selbst ein Engel bist? Denn genau so kommst Du mir vor. Ich bin zutiefst gerührt, dass sich in Deiner weltlichen Person ein höheres Wesen verbirgt, Du nicht nur meine beste Freundin, sondern auch meine spirituelle Führerin bist. Deine Weisheit und Deine Güte sind für mich von einer überirdischen Natur. Du bist ein Segen in meinem Leben, und ich bin unendlich dankbar, dass ich Dich an meiner Seite habe. Deine Präsenz erfüllt mein Leben mit Licht und Hoffnung.

Du bist mehr als nur eine Freundin für mich. Du bist eine spirituelle Gefährtin, die mich leitet und mir zeigt, wie ich mein inneres Licht entfalten kann.

23

Deine Selbstliebe

Es ist ein Glück, eine Frau zu sein, weil unsere Selbstliebe die Quelle strahlender Schönheit ist und uns ermutigt, unsere eigene Einzigartigkeit anzuerkennen und die Welt um uns herum in leuchtende Farben zu tauchen.

Liebste Freundin,
mit der »Deine Selbstliebe«-Karte ehre ich Deine liebevolle Beziehung zu Dir selbst. Du erinnerst mich daran, dass Selbstliebe der erste Schritt ist, um Liebe in die Welt zu tragen.

Was ich an Dir bewundere, ist, wie Du Deine eigene Schönheit erkennst und feierst. Du siehst

Dich selbst mit liebevollen Augen und akzeptierst jeden Aspekt Deines Seins. Du hast gelernt, dass wahre Schönheit von innen kommt und dass sie in Deiner Selbstliebe und Selbstakzeptanz verwurzelt ist.

Du zeigst uns, dass es wichtig ist, sich selbst zu lieben, weil wir erst dann andere lieben können. Du hast erkannt, dass Du es wert bist, geliebt zu werden, und das strahlst Du aus in allem, was Du tust. Dein positives Selbstbild ist ansteckend und ermutigt uns, ebenfalls unsere eigene Stärke und Schönheit anzuerkennen.

Ich möchte Dir meine innigste Bewunderung für jenen leuchtenden Stern in Dir ausdrücken, der sich in der wundervollen Kunst Deiner Selbstliebe manifestiert. Du bist eine jener Frauen, die ein Lied der Selbstachtung und -liebe singt, das uns alle in seiner Einzigartigkeit und Wahrhaftigkeit zu bewunderndem Lauschen verführt. Deine Gabe, Dich selbst in der ganzen Bandbreite Deines Seins zu umarmen, Dein Wohlergehen als wahre Selbstverwirklichung zu betrachten, ist ein großartiges Schauspiel, das mich inspiriert.

Du hast in Deinem Leben den Schlüssel zur Selbstliebe entdeckt, der das Tor zu einem erfüllten und zufriedenen Leben öffnet. Du genießt Dich selbst in all Deiner Vielfalt und Deinen Farben und liebst jede Schattierung Deiner Persönlichkeit. Du verstehst, dass Du ein Geschenk des Lebens an Dich selbst bist, und diese Erkenntnis reflektierst Du wie ein glänzender Spiegel in die Welt um Dich herum.

Deine Selbstliebe verbreitet sich wie ein wohltuender Duft in Deiner Umgebung und transformiert sie. Deine innere Zufriedenheit strahlt hinaus, zieht andere an und ermutigt sie, sich selbst in ähnlicher Weise zu betrachten. Du spendest Mut, bist eine Lehrerin, die uns zeigt, wie wir unsere eigenen Stärken erkennen und uns selbst so annehmen dürfen, wie das Leben uns erschaffen hat.

24

Deine Liebe

Es ist ein Glück, eine Frau zu sein, weil wir die Fähigkeit besitzen, die verschiedenen Formen der Liebe zu verkörpern, und damit die Welt zu einem strahlenderen und liebevolleren Ort machen.

Liebe Freundin,
welch Glück, dass Du die Karte »Deine Liebe« gezogen hast. Es ist ein Zeichen des Universums, dass Du ein wahrhafter Kanal bedingungsloser Liebe bist. Du bist ein strahlendes Beispiel dafür, wie wichtig und kostbar Liebe in unserem Leben ist.

Es erinnert mich daran, wie außergewöhnlich Du bist, wenn es um die Vielfalt und Tiefe der Liebe geht. Die Art und Weise, wie Du Liebe erfährst und ausdrückst, ist so einzigartig wie Du selbst. Es gibt keine Begrenzung oder genaue Zahl für die unterschiedlichen Nuancen der Liebe, da sie von individuellen Erfahrungen, Beziehungen und Emotionen geprägt sind. Doch wenn ich an Dich denke, fallen mir sofort einige der wundervollen Formen der Liebe ein, die Du verkörperst.

Du bist eine wahre Meisterin der romantischen Liebe. Deine Leidenschaft, Anziehungskraft und tiefe Zuneigung sind inspirierend. In Paarbeziehungen schaffst Du intensive emotionale Bindungen und zeigst bedingungslose Hingabe.

Aber Deine Liebe geht weit über das Romantische hinaus. Du bist auch ein strahlendes Beispiel für familiäre Liebe. Deine liebevolle Unterstützung, Fürsorge und das Gefühl des Zusammenhalts, das Du Deinen Lieben schenkst, sind bemerkenswert.

Auch in der platonischen Liebe bist Du ein Juwel. Du baust enge Bindungen zu Deinen Freunden auf, ohne dass eine sexuelle Anziehung im Spiel ist. Du erschaffst eine tiefe emotionale Verbundenheit und zeigst Vertrauen, Loyalität und Unterstützung.

Deine Fähigkeit zur Selbstliebe ist ebenso bewundernswert. Du schätzt Dich selbst und akzeptierst Dich so, wie Du bist. Du liebst und respektierst Dich und sorgst für Dein eigenes Wohlbefinden, was Dich zu einer wahren Inspiration macht.

Die spirituelle Liebe ist ebenfalls ein Teil Deines Wesens. Deine tiefe Verbundenheit mit dem Universum und somit mit der Natur des Lebens spiegelt sich in Deiner Hingabe an Deine spirituelle Daseinsgrundlage und in Deinem Mitgefühl für alle

Wesen sowie in der Suche nach einem Sinn und Zweck im Leben wider.

Dies ist nur ein kleiner Teil der vielen Formen und Nuancen der Liebe, die es gibt. Und Du verkörperst so viele von ihnen auf wunderbare Weise. Du machst die Liebe zu einem faszinierenden und bereichernden Teil des Lebens.

Liebe ist die mächtigste und zugleich verwundbarste Kraft, die das menschliche Herz erfahren kann. Sie ist ein Feuer, das uns wärmt und entflammt, aber auch ein Sturm, der uns umwerfen kann. Sie verbindet uns mit anderen Menschen auf einer Ebene, die über das Materielle hinausgeht und uns in eine Welt der Emotionen und des Verstehens führt. Die Liebe ist universell und transzendiert die Grenzen von Zeit und Raum.

25

Gelebte Schwesternschaft

Es ist ein Glück, eine Frau zu sein, weil wir die Kraft haben, Gemeinschaften zu schaffen und die Schönheit der Schwesternschaft zu feiern, indem wir Zusammenarbeit, Unterstützung und Einheit fördern.

Meine liebe Freundin,
im Herzen unseres Kartensets »Das Glück, eine Frau zu sein« liegen zwei Themen, die untrennbar miteinander verwoben sind: das Fördern der Gemeinschaft und die Schönheit der Schwesternschaft. Heute möchte ich Dir mein Kompliment aussprechen und Dich dafür ehren, wie Du diese Werte verkörperst und in unserer Freundschaft zum Ausdruck bringst.

Du bist eine außergewöhnliche Kraft, wenn es darum geht, Gemeinschaften zu bilden und zu pflegen. Durch Deine einzigartige Fähigkeit, Frauen zusammenzubringen, entsteht eine Atmosphäre von Vertrauen und Solidarität. Du bist die Weberin, die jedes Band mit Sorgfalt knüpft, und so entsteht eine Oase, in der Frauen sicher sind und ihre Erfahrungen teilen können. Du förderst Zusammenarbeit und Kooperation, und gemeinsam können wir mehr erreichen als allein.

Gleichzeitig bist Du auch eine Verfechterin der Schwesternschaft. Du stehst für die Einheit und Unterstützung unter Frauen ein und kämpfst gegen den Druck, als Rivalinnen aufzutreten. Mit Dir an meiner Seite fühle ich mich nicht nur wie eine Freundin, sondern auch als Teil einer wunderbaren Gemeinschaft der Frauen. Du bist eine Verbündete, die Gleichheit und Gerechtigkeit vertritt. Du hörst zu, ermutigst und teilst Deine Erfahrungen, um uns alle zu stärken.

Deine Schwesternschaft geht jedoch über unsere Bindung hinaus. Du baust Brücken zu anderen Frauengemeinschaften und erschaffst ein Netzwerk der Unterstützung und Stärkung. Du förderst den Zusammenhalt unter uns und ermutigst uns, einander zu helfen. Du zeigst uns, dass wir gemeinsam mehr erreichen können und dass wir auf diesem Weg füreinander da sein sollten.

Ich bin unendlich dankbar, Dich nicht nur als Freundin, sondern auch als Schwester an meiner Seite zu haben. Deine positive Ausstrahlung und

Dein offenes Herz schaffen eine Atmosphäre des Zusammenhalts und der Verbundenheit. Du feierst die Vielfalt und die individuellen Beiträge jeder Frau und ermutigst uns, unsere Stimmen zu erheben und für das einzutreten, woran wir glauben.

Danke, dass Du mit Deinem außergewöhnlichen Talent zur Förderung von Gemeinschaft ein leuchtendes Vorbild bist. Deine Worte und Taten inspirieren mich und viele andere Frauen, unseren eigenen Weg zu gehen und unsere weiblichen Tugenden als Schwesternschaft zu verwirklichen.

26

Die Kämpferin in Dir

Es ist ein Glück, Deine Freundin zu sein, weil Du uns als Kämpferin zeigst, dass wir jede Herausforderung meistern können und dass unser inneres Feuer uns dazu antreibt, unsere Träume zu verwirklichen und die Welt mit unserer leidenschaftlichen Stärke zu verändern.

Liebe Freundin,
heute möchte ich ein Hoch singen auf Dich, auf Dich als Kämpferin, die Du bist, die Du stets warst, die Du immer sein wirst. Du bist eine Frau, ein Wesen voller Mut und Entschlossenheit, das sich den Widrigkeiten des Lebens mit hocherhobenem Haupt stellt. Deine unbeugsame Willenskraft und Dein felsenfestes Vertrauen in Deine eigene Stärke wirken auf mich inspirierend und spornen mich an.

Es ist bewundernswert, wie Du mit Deinem leidenschaftlichen Eifer und großen Durchhaltevermögen um das ringst, woran Dein Herz so fest glaubt. Du bist bereit, Dich in die Arena zu begeben und Deine innersten Ängste zu bezwingen, um Deine Ziele zu erreichen und Deine Werte zu verteidigen. Selbst wenn das Pflaster des Weges rau und voller Scherben ist, denkst Du gar nicht ans Aufgeben. Stattdessen schöpfst Du neue Kraft und Motivation aus der Tiefe Deines Herzens, um Deinen Kampf fortzuführen.

Deinen Willen zeigst Du nicht nur in den gewaltigen Herausforderungen, die das Leben Dir bietet, sondern auch in den kleineren, alltäglichen Auseinandersetzungen, die oft unerkannt bleiben. Du lässt Dich nicht entmutigen, sondern findest Wege, Hindernisse zu überwinden und Rückschläge als Lernchancen zu betrachten. Was mich in tiefster Weise beeindruckt, ist Deine Fähigkeit, andere Frauen zu inspirieren und zu ermutigen, ebenfalls für ihre Träume einzustehen. Du bist ein lebendiges Beispiel dafür, dass es möglich ist, Schwierigkeiten zu überwinden und sein volles Potenzial auszuschöpfen. Deine Geschichte und Deine Triumphe inspirieren mich, ebenfalls mutig zu sein und für meine Werte einzustehen.

27

Dein Mut

Es ist ein Glück, eine Frau zu sein, weil unser Mut uns dazu befähigt, unsere Ängste zu überwinden, neue Wege zu beschreiten und uns selbst in die Fülle des Lebens zu stürzen, mit dem Wissen, dass wir stark und furchtlos sind.

Meine geliebte Freundin,
mit dieser Karte ehren wir heute Deine Tapferkeit. Du bist eine Frau, die sich nicht scheut, Risiken einzugehen und Herausforderungen anzunehmen. Du schreckst nicht vor den bedrohlichen Schatten des Weltgeschehens zurück, sondern nimmst sie als Herausforderung an. Deine Furchtlosigkeit inspiriert und ermutigt mich, meine eigene Tapferkeit zu umarmen.

Was ich besonders an Dir schätze, ist Deine Offenheit gegenüber allem Neuen und Unbekannten. Du wagst es, Dich in den Strom der Risiken zu begeben und den Kokon Deiner Komfortzone zu durchbrechen. Du verstehst, dass wahres Wachstum jenseits der selbst auferlegten Grenzen liegt, und bist bereit, neue Pfade zu beschreiten, auch wenn sie mit Unsicherheit und Herausforderungen gepflastert sind.

In Dir glüht eine innere Stärke, eine verborgene Flamme, die Dich antreibt und ermutigt, Dich den Stürmen des Lebens zu stellen. Du lässt Dich nicht von Zweifeln oder Ängsten aufhalten, sondern gehst mit dem Mut der Unbeirrbaren voran. Du bist ein leuchtendes Vorbild für uns alle und erinnerst uns daran, dass Mut nicht das Fehlen von Furcht bedeutet, sondern den Willen, trotz dieser Furcht voranzuschreiten.

Es ist bewundernswert, wie Du Dich immer wieder neuen Abenteuern hingibst und dabei über Dich hinauswächst. Du erkennst, dass das Leben eine Fülle von Möglichkeiten bietet, die darauf warten, entdeckt zu werden, und Du nimmst sie mit offenen Armen an. Du lehrst mich, dass wir unsere Träume erfüllen können, wenn wir den Mut haben, ihnen zu folgen.

Deine Tapferkeit entfaltet sich auch in der Sphäre Deiner zwischenmenschlichen Beziehungen. Du bist eine Freundin, die immer da ist, wenn eine liebevolle Schulter zur Stütze oder ein ermutigendes Wort benötigt wird. Du scheust Dich nicht vor schwierigen Gesprächen oder vor dem Engagement für das, woran Du glaubst.

28

Deine Stimme erheben

Es ist ein Glück, eine Frau zu sein, weil die Fähigkeit, unsere Stimme zu erheben, uns die Kraft gibt, Veränderungen herbeizuführen, unsere Wahrheit auszusprechen und eine Welt zu erschaffen, in der jede Stimme gehört und geschätzt wird.

Meine liebe Freundin,
mit der Karte »Deine Stimme erheben« ehre ich heute Deine mutige Stimme. Sie ist ein starkes Instrument für notwendigen Wandel, jene mächtige Kraft, die die zementierten Mauern des Schweigens durchbricht und das Bewusstsein unserer Welt mit Deinen bemerkenswerten Ideen und Gedanken erfüllt. Du bist eine Frau, die sich weigert, in der Menge zu schweigen, die mutig ihre Stimme erhebt mit einer kühnen Haltung, die ich von ganzem Herzen bewundere.

Du bist nicht nur bereit, Deine Meinungen zu äußern, sondern Du tust dies auf eine Art und Weise, die andere dazu ermutigt, ihre eigenen Ansichten zu hinterfragen und sogar Veränderungen herbeizuführen. Du vertrittst unerschrocken Deine Werte, lässt Dich nicht von Zweifeln oder Gegenwind einschüchtern. Deine unnachgiebige Entschlossenheit, Dein unbeugsamer Geist, sie strahlen eine inspirierende Botschaft aus und ermutigen auch andere, ihren Stimmen Gehör zu verschaffen.

Du nimmst jene Themen in den Mund, die allzu oft im Verborgenen bleiben, und repräsentierst jene, die selbst keine Stimme haben. Du trittst ein für Gerechtigkeit, Gleichberechtigung und sozialen Wandel. Durch Deine Worte, durch Dein Engagement hast Du bereits einen positiven Einfluss auf das Leben vieler Menschen ausgeübt und die Welt ein kleines Stück besser gemacht.

Deine kraftvolle Stimme ist nicht nur eindringlich, sie ist auch einfühlsam. Du hörst nicht nur aufmerksam zu, Du verstehst es auch, die Perspektiven anderer einzunehmen. Du achtest auf die Bedürfnisse und Gefühle derjenigen, die Dir begegnen, und bringst Deine Ansichten mit Respekt und Empathie vor. Dadurch eröffnest Du

Räume für konstruktive Dialoge und fördert das gegenseitige Verständnis.

Ich bewundere Deine Stärke und Deinen Mut, den es erfordert, Deine Stimme in einer Welt zu erheben, die manchmal versucht, Dich zum Schweigen zu bringen. Du bist uns allen ein leuchtendes Vorbild dafür, unseren Überzeugungen treu zu bleiben und uns für das einzusetzen, was gerecht ist, selbst wenn es unbequem sein mag.

29

Grenzen überwinden und setzen

Es ist ein Glück, Deine Freundin zu sein, weil Du mich lehrst, Grenzen zu überwinden und mich gleichzeitig abzugrenzen, um mein eigenes Wachstum zu fördern und mein inneres Gleichgewicht zu bewahren.

Meine liebe Freundin,
Du hast die »Grenzen überwinden und setzen«-Karte gezogen. Ich möchte Dir ein Kompliment machen, weil Du die Kunst beherrschst, Grenzen zu überwinden und Dich gleichzeitig abzugrenzen.

Es ist faszinierend, zu sehen, wie Du auf den ersten Blick widersprüchliche Konzepte in Einklang bringst und dabei Dein persönliches Wachstum und Deine psychische Gesundheit förderst.

Es ist nicht einfach, sowohl Grenzen zu überwinden als auch sie zu setzen, aber Du meisterst diesen Spagat mit beeindruckender Leichtigkeit. Du bist in der Lage, Dich mutig neuen Herausforderungen zu stellen und dabei Deine eigenen Bedürfnisse und Grenzen zu respektieren.

Dein Verständnis davon, dass sowohl das Hinausgehen über als auch das Ziehen von Grenzen entscheidend für persönliches Wachstum und psychische Gesundheit sind, zeugt von einer tiefen Weisheit. Du gehst behutsam vor, indem Du Dich auf neue Erfahrungen einlässt und dabei immer auf Dich selbst achtest.

Deine Fähigkeit, diese beiden Aspekte in Einklang zu bringen, ist inspirierend. Klare Grenzen zu ziehen, heißt für Dich, Dich von Menschen, Situationen oder Umständen fernzuhalten, die Dir schaden oder einen negativen Einfluss auf Dich haben können. Dir ist es wichtig, bei Dir zu bleiben, um Dich vor Überlastung, Manipulation oder Übergriffen zu schützen.

Es ist wunderbar, zu sehen, wie Du für Dich selbst einstehst und Dich um Deine psychische Hygiene kümmerst. Indem Du Dich vor negativen Einflüssen abschirmst und Dich auf positive und gesunde Beziehungen konzentrierst, legst Du den Grundstein für Dein eigenes Glück und Wohlergehen.

Du bist eine Pionierin, eine Wegbereiterin, die mir zeigt, dass wir nicht durch unsere gegenwärtigen Umstände definiert werden, sondern durch die Fähigkeit, über unsere derzeitigen Grenzen hinauszugehen. Du hast mich gelehrt, dass ich mich nicht an den Erwartungen anderer ausrichten muss, sondern dass ich mein eigenes Leben gestalten kann.

30

Geben und Nehmen

Es ist ein Glück, eine Frau zu sein, weil wir über die Kunst des Ausgleichs von Geben und Nehmen verfügen und dadurch eine harmonische und bereichernde Beziehung zu anderen Menschen und zur Natur aufbauen können.

Liebe beste Freundin,
herzlichen Glückwunsch, dass Du die Karte mit dem Thema der Gabe des Ausgleichs von Geben und Nehmen gezogen hast!

Du hast erkannt, dass ein grundlegender Aspekt des menschlichen Zusammenlebens die Fähigkeit ist, harmonische Beziehungen zu schaffen, die auf einer ausgewogenen Dynamik von Geben und Nehmen beruhen.

Du lebst eine Großzügigkeit, dank der Du Deine Ressourcen, Deine Zeit und Deine Energie mit anderen teilst. Das Geben ermöglicht Dir, anderen Freude und Unterstützung zu schenken und ihre Bedürfnisse zu achten. Dein wohlwollendes Geben ist gepaart mit der Tugend des Nehmens. Indem

Du mit Großzügigkeit schenkst, bringst Du Deine Fürsorge und Wertschätzung zum Ausdruck. Annehmen ist Dir genauso wichtig, da sonst der Ausgleich fehlen würde. Es ist daher nicht nur ein Akt des Empfangens, sondern auch ein Zeichen des Respekts und der Wertschätzung für die Tugend des Gebens.

Du schaffst mit dem Ausgleich von Geben und Nehmen eine gesunde Balance in zwischenmenschlichen Beziehungen. Somit achtest Du stets darauf, nicht nur zu geben, sondern auch angemessen zu nehmen. Dein Gespür für Gerechtigkeit sagt Dir, dass ein übermäßiges Nehmen ohne angemessenes Geben zu Ausbeutung führt, was die Bindungen zwischen Menschen schwächt und ihr Vertrauen zueinander beeinträchtigt.

Der Wert des Ausgleichs von Geben und Nehmen zeigt sich auch in Deiner Beziehung zur Natur. Du hast erkannt, dass die Natur uns unermessliche Ressourcen und eine Fülle an Schönheit und Leben schenkt. Du pflegst in diesem Zusammenhang die Tugend des Gebens, indem Du Dich um Mutter Erde kümmerst, sie schützt und ihre Schätze für die kommenden Generationen bewahrst. Dir ist es wichtig, der Natur etwas zurückzugeben, sei es durch nachhaltiges Handeln oder den Schutz von Ökosystemen.

Indem Du sowohl großzügig gibst als auch anerkennend annimmst, schaffst Du eine gesunde Balance und bereicherst nicht nur unser individuelles Leben, sondern sorgst auch für das kollektive Wohlergehen der Gesellschaft.

Als sehr aufmerksam und bemerkenswert empfinde ich, dass Du für Dich erkannt hast, dass durch den Ausgleich von Geben und Nehmen Reichtum entstehen kann. Du gibst etwas mehr zurück, als Du erhalten hast, und erschaffst dadurch einen Überschuss an Großzügigkeit und Wohlwollen. Diese Gabe kann verschiedene Formen annehmen, sei es zusätzliche Zeit, Aufmerksamkeit, Unterstützung oder materielle Ressourcen. Durch diese Haltung begünstigst Du eine Atmosphäre der Fülle und des Reichtums in unseren Beziehungen. Wenn jeder das Gleiche tut und ebenfalls etwas mehr zurückgibt, entsteht eine positive Spirale der Mehrung. Jeder Akt des Gebens wird zu einem erneuten Anstoß, noch mehr zu geben, um den Reichtum der Beziehungen zu fördern. In diesem sich verstärkenden Kreislauf des Großzügigseins entstehen Gefühle der Dankbarkeit, des Vertrauens und der Freude.

Mit Deinem Akt des großzügigen Gebens schaffst Du eine Atmosphäre des emotionalen Wohlstands, die das Wachstum und die Entwicklung sowohl als individuelle wie auch als gemeinsame Erfahrung fördert. Ein gegenseitiger Fluss des Reichtums entsteht. Es ist ein Glück, ein Mensch zu sein.

31

Unsere herzlichen Gespräche

Es ist ein Glück, eine Frau zu sein, weil wir die Fähigkeit haben, herzliche Gespräche zu führen und uns mit liebevoller Aufmerksamkeit und Einfühlungsvermögen zu verbinden.

Meine liebe Freundin,
heute möchte ich meine tiefe Wertschätzung für die innigen Gespräche zum Ausdruck bringen, die wir in unserer Verbundenheit führen. Wenn das Schicksal die Karte »Unsere herzlichen Gespräche« zeigt, offenbart dies den Zauber, den wir teilen. Du besitzt die kostbare Gabe, anderen Menschen wahrhaft zuzuhören und mit Hingabe und Einfühlungs-

vermögen Antworten zu geben. Jedes Mal, wenn unsere Seelen in Austausch treten, spüre ich die wohltuende Wärme Deiner Aufmerksamkeit und die bedingungslose Unterstützung, die mir zuteil wird. Dieses Geschenk ist mir von unschätzbarem Wert.

Heute möchte ich Dir sagen, wie wertvoll und bedeutsam unsere herzlichen Gespräche für mich sind. In jedem Moment, den wir miteinander teilen, spüre ich eine ganz besondere Magie, die unsere Verbundenheit noch intensiver macht. Du zeigst mir, dass Du nicht nur meine Worte hörst, sondern auch die nonverbale Kommunikation beherrschst, die uns verbindet. Du bist immer präsent und engagiert in unseren Gesprächen. Du schenkst mir Deine volle Aufmerksamkeit, ohne Dich ablenken zu lassen, und ich spüre, wie Du durch Deinen Augenkontakt und Deine positiven Signale bestätigst, dass Du aktiv zuhörst und mich verstehst.

Dein einfühlsames Zusammenfassen meiner Aussagen und Deine gezielten Nachfragen zeigen mir, dass Du nicht nur oberflächlich zuhörst, sondern wirklich bemüht bist, mich zu verstehen und das Gespräch zu vertiefen. Du empfindest nicht nur Mitgefühl, sondern versetzt Dich auch in meine

Gefühlswelt und respektierst meine Emotionen. Durch Deine empathischen Äußerungen zeigst Du mir immer wieder aufs Neue, dass Dir meine Gedanken und Gefühle am Herzen liegen.

Der Einsatz dieser wertvollen Fähigkeit des aktiven Zuhörens verbessert nicht nur die Qualität unserer Gespräche, sondern stärkt auch unser Vertrauen zueinander, unsere Wertschätzung füreinander und unseren gegenseitigen Respekt.

Unsere herzlichen Gespräche sind ein wertvolles Geschenk, das ich immer zu schätzen weiß. Durch sie fühle ich mich verstanden, unterstützt und geliebt.

32

Unsere Emotionen feiern

Es ist ein Glück, Deine Freundin zu sein, weil Du mich lehrst, unsere Emotionen zu feiern und ihnen Raum zu geben, um unsere Menschlichkeit vollständig auszudrücken.

Liebe Freundin,
diese Karte erinnert mich daran, wie wichtig es ist, meine Gefühle zu ehren und ihnen Raum zu geben. Du bist eine Frau, die sich nicht scheut, ihre Gefühle zu zeigen und ihre innere Welt zu erforschen. Deine Fähigkeit, Deine Emotionen zu umarmen, ist bewundernswert und inspirierend. Du lebst ein Leben der Authentizität und Echtheit, und das ist eine Qualität, die mich zutiefst beeindruckt. Du bist mutig genug, Deine Freude, Deine Trauer, Deine Angst oder Deine Begeisterung offen zu zeigen. Du beweist uns allen, dass es in Ordnung ist, verletzlich zu sein und unsere Emotionen zu fühlen, denn sie sind ein wichtiger Teil unserer Menschlichkeit.

Ich möchte Dir von Herzen gratulieren und Dir meine Bewunderung aussprechen. Du hast das

Thema der eigenen Emotionen erfolgreich gelöst und einen wunderbaren Schritt nach vorn gemacht. Du hast erkannt, dass alle Gefühle eine Bedeutung haben, und Du hast ihnen den Raum gegeben, den sie verdienen.

Deine Fähigkeit, Deine emotionale Intelligenz zu entwickeln, ist beeindruckend. Du bist nicht nur in der Lage, Deine eigenen Emotionen zu erkennen und zu verstehen, sondern Du zeigst auch ein tiefes Einfühlungsvermögen für andere Menschen. Du kannst Dich in sie hineinversetzen und sie unterstützen. Das ist eine wertvolle Eigenschaft, die Deine zwischenmenschlichen Beziehungen bereichert.

Ich bewundere auch Deine Offenheit gegenüber der vollen Bandbreite der emotionalen Vielfalt. Dir ist klar, dass nicht nur positive Emotionen wichtig sind, sondern auch diejenigen, die als weniger angenehm empfunden werden. Du feierst alle emotionalen Erfahrungen und akzeptierst Dich selbst als ein ganzheitliches Wesen. Das zeugt von großer Selbstliebe und Selbstakzeptanz.

Darüber hinaus bewundere ich, dass Du kreative Wege gefunden hast, Deine Emotionen auszudrücken und zu kanalisieren. Du hast erkannt, dass der Ausdruck von Gefühlen heilsam ist und Dir hilft, Spannungen abzubauen und innere Konflikte zu lösen.

Nicht zuletzt möchte ich Deine Stärke und Widerstandsfähigkeit hervorheben. Du hast Deine emotionalen Fähigkeiten gestärkt und Deine Bewältigungsstrategien erweitert, um besser mit Herausforderungen und Rückschlägen umzugehen. Die Entwicklung Deiner Achtsamkeit, Deiner Selbstfürsorge und Dein Dich unterstützendes soziales Netzwerk sind bemerkenswert.

Du ermutigst mich, meine Emotionen nicht zu verstecken, sondern sie zu erkunden und auszudrücken, denn nur so kann ich mich selbst wirklich verstehen und wachsen.

Du schaffst einen Raum, in dem ich mich sicher fühle, meine Freude zu teilen, meine Ängste zu besprechen und meine Tränen zu vergießen. Du zeigst mir, dass es kraftvoll ist, meine Emotionen zu führen, anstatt mich von ihnen kontrollieren zu lassen. Du lehrst mich, dass es in Ordnung ist, verletzlich zu sein und meinen Gefühlen freien Lauf zu lassen, denn sie sind ein integraler Bestandteil meines Wesens.

33

Unsere Intimitäten teilen

Es ist ein Glück, eine Frau zu sein, weil wir die Gabe haben, intime Verbindungen herzustellen und mit liebevoller Sensibilität über die Tiefen unserer Erfahrungen und Wünsche zu sprechen.

Meine liebe Freundin,
heute fühle ich das Verlangen, meine innige Wertschätzung für das Privileg auszusprechen, mich mit Dir über jene Tiefen austauschen zu können, die das Gewebe der Intimität umhüllen. Du erschaffst einen Raum voller Vertrauen und Verständnis, in dem unsere persönlichen Erlebnisse, Sehnsüchte und Bedürfnisse einen Klang finden dürfen. Welch kostbares Gut bist Du, eine wertvolle Ratgeberin in diesen zarten Angelegenheiten, und dafür bin ich unendlich dankbar.

Durch die Bande unserer Freundschaft habe ich gelernt, dass Du eine Seele bist, der ich bedingungslos vertrauen kann. Du besitzt die einzigartige Gabe, eine Atmosphäre der Offenheit und des

Verständnisses zu schaffen, in der wir uns ohne Furcht vor Verurteilung oder Scham über unsere innigsten Gedanken und Empfindungen austauschen können.

Es ist wahrlich kein gewöhnlicher Segen, über solche intimen Themen sprechen zu können, und dennoch gelingt es Dir, mir die Gewissheit zu schenken, dass ich mich öffnen und aufrichtig von meinen Erfahrungen berichten darf. Du bist nicht nur eine Gefährtin auf dieser Reise, sondern auch eine Freundin, die mich dazu ansporn, meine Bedürfnisse und Wünsche zu erforschen und ihnen Raum zu geben. Mit Deiner sanften und einfühlsamen Art versicherst Du mir, dass meine Gedanken und Gefühle von unschätzbarem Wert sind.

Durch unsere Gespräche über die Geheimnisse der Intimität habe ich nicht nur viel über meine eigene Seele herausgefunden, sondern auch über die reiche Vielfalt der menschlichen Erfahrung. Du bist eine kostbare Quelle des Wissens und der Weisheit, und ich schätze es zutiefst, dass Du bereitwillig Deine Erkenntnisse mit mir teilst. Du ermöglichst es mir, neue Perspektiven zu gewinnen und meine eigene Sexualität und Intimität in einem klareren Licht zu erkennen.

Was mich besonders beeindruckt, sind Deine Feinfühligkeit und Achtsamkeit, wenn wir diese zarten Themen berühren. Du respektierst meine Grenzen und strebst stets danach, einen Raum des Vertrauens und der Geborgenheit zu erschaffen. Du bist nicht nur eine Beraterin, sondern auch eine Freundin, die mich ermutigt, meine eigenen Entscheidungen zu treffen und auf meine Bedürfnisse zu achten.

34

Deine Eleganz

Es ist ein Glück, eine Frau zu sein, denn unsere Eleganz ist wie eine sanfte Melodie, die uns verzaubert und uns in eine Welt voller Stil und Raffinesse entführt.

Liebe Freundin,
heute möchte ich meine tiefste Wertschätzung für Deine elegante Erscheinung zum Ausdruck bringen. Dein Anblick ist eine wahre Augenweide, denn Du strahlst eine unvergleichbare Eleganz aus, die mich jedes Mal aufs Neue in ihren Bann zieht.

Du bist eine Frau von außergewöhnlicher Klasse und eindrucksvollem Stil, deren Anmut und Geschmack andere inspiriert und fasziniert.

Schon auf den ersten Blick wird deutlich, dass Du ein feines Gespür für Ästhetik und Schönheit hast. Dein Sinn für Mode und Dein ausgeprägter Stil spiegeln sich in jedem Detail Deiner Kleidung, Deiner Accessoires wider. Du weißt genau, wie Du Dich präsentieren kannst, um Deine Persönlichkeit zum Ausdruck zu bringen und Dich selbstbewusst und strahlend zu fühlen.

Doch Deine Eleganz geht weit über das Äußerliche hinaus. Sie ist Ausdruck Deiner inneren Haltung und Deines Charakters. Deine Anmut und Dein Wohlwollen im Umgang mit anderen Menschen sind bewundernswert. Du begegnest jedem mit Respekt und Freundlichkeit und hinterlässt einen bleibenden positiven Eindruck, egal, in welcher Situation.

Was mich besonders fasziniert, ist Deine Fähigkeit, Dich mühelos verschiedenen Umgebungen und Kulturen anzupassen, ohne dabei Deine eigene Persönlichkeit zu verlieren. Du strahlst Selbstbewusstsein aus, ohne arrogant zu wirken, und mit Deiner natürlichen Anziehungskraft nimmst Du

Menschen magisch für Dich ein. Du bist eine wahre Meisterin der feinen Balance zwischen Anpassung und Authentizität.

Deine Eleganz motiviert und inspiriert mich dazu, mein Bestes zu geben. Du bist ein Vorbild dafür, wie man sich mit Stil und Klasse präsentiert. Du zeigst, dass wahre Schönheit von innen kommt und dass es wichtig ist, sich selbst treu zu bleiben. Deine Präsenz erinnert mich daran, dass es möglich ist, Anmut und Eleganz in jeden Aspekt des Lebens zu bringen.

Liebe Freundin, ich möchte Dir von ganzem Herzen dafür danken, dass Du mit Deiner eleganten Erscheinung meine Welt bereicherst. Dein Stil, Deine Anmut und Dein Geschmack sind ein wahres Geschenk, das ich in unserer Freundschaft schätze. Du inspirierst mich dazu, meine eigene Eleganz zu finden und meine Persönlichkeit auf eine einzigartige Weise zum Ausdruck zu bringen.

35

Deine Träume leben

Es ist ein Glück, eine Frau zu sein, weil Du uns vorlebst, wie wir unsere Träume leben und leidenschaftlich danach streben können, ein Leben voller Erfüllung und Freude zu führen. Dadurch inspirierst Du uns alle dazu, unseren eigenen Träumen zu folgen.

Meine liebe Freundin,
die Karte »Deine Träume leben« weist auf Deine unermüdliche Entschlossenheit hin, Deinen Träumen zu folgen und sie in die Realität umzusetzen. Du bist eine Inspiration dafür, den Willen aufzubringen, die eigenen Träume zu leben und das Leben zu führen, in dem wir alle Möglichkeiten haben, etwas zu verändern.

Meine liebe Freundin, Du bist eine Frau, die mit leidenschaftlichem Elan auf ihre Ziele zusteuert, und ein strahlendes Exempel dafür, wie wir unseren Interessen folgen und unseren Träumen Flügel verleihen. Deine Entschlossenheit ist bewundernswert. Du gibst nicht auf, selbst wenn der Weg steinig ist und Du von Zweifeln begleitet wirst.

Du zeigst mir, dass das Leben mehr ist als das bloße Streben danach, den Erwartungen anderer gerecht zu werden. Du folgst Deinen eigenen Leidenschaften, lauschst auf das Flüstern Deines Herzens. Du lebst in Harmonie mit Deinem authentischen Selbst und inspirierst mich, es Dir gleichzutun.

Du stehst mir bei und erinnerst mich daran, dass in mir ein Potenzial schlummert, dessen Entfaltung zu meiner Selbstverwirklichung beiträgt.

Ich danke Dir von ganzem Herzen, dass Du eine Frau bist, die ihre Träume lebt. Du hast mich ermutigt, an meine eigenen Träume zu glauben und sie aktiv in die Tat umzusetzen. Du hast mir gezeigt, dass das Leben so viel erfüllter ist, wenn man seinen Leidenschaften folgt und das tut, was das Herz zum Singen bringt.

36

Deine Stärke und Ausdauer

**Es ist ein Glück, eine Frau zu sein,
weil Stärke und Ausdauer uns befähigen,
jede Prüfung des Lebens zu meistern und
uns selbst immer wieder neu zu erfinden,
um in unserer ganzen Pracht zu erstrahlen.**

Meine liebe und geschätzte Freundin,
die Karte »Deine Stärke und Ausdauer« ist ein leuchtendes Zeugnis Deiner unglaublichen Widerstandsfähigkeit. Deine Stärke und Ausdauer sind eine Inspiration und erinnern mich daran, dass wir mehr können, als wir uns oft zutrauen.

Ich schätze Deine einzigartige Fähigkeit, selbst in den stürmischsten Zeiten stark zu bleiben und Dich den Herausforderungen des Lebens mit unerschütterlicher Tapferkeit zu stellen. Das, was ich an Dir in höchstem Maße bewundere, sind Deine Ausdauer und Deine Entschlossenheit. Du hast bereits einen Wald von Hindernissen durchdrungen und bist wie ein Phönix aus der Asche hervorgegangen, stärker als je zuvor. Selbst wenn das Leben Dir wie eine unerbittliche Tragödie erscheint, bist Du nicht gewillt, klein beizugeben. Du lebst Dein Leben mit einer Tapferkeit und einem unbeugsamen Willen, die mich tief in meiner Seele berühren.

Deine innere Stärke offenbart sich nicht nur bei den gewaltigen Herausforderungen, die das Leben aufbietet, sondern auch bei den kleineren Begebenheiten des Alltags. Du meisterst jede Aufgabe, die Dir das Schicksal stellt, mit Bravour und gibst niemals auf. Du bist ein lebendiges Zeugnis dafür, dass wir mit Entschlossenheit und einem positiven Geist jede Hürde überwinden können. Du zeigst uns, dass wir uns unseren Ängsten stellen und über unsere eigenen Grenzen hinauswachsen können. Du bist ein lebendiges Beispiel der Resilienz und zeigst uns, dass wir nicht nur überleben, sondern auch gedeihen können, ungeachtet dessen, was das Leben uns anbietet.

Du bist wie ein Fels in der Brandung. Du bist immer bereit, mir ermutigend zur Seite zu stehen, wenn ich von Schwierigkeiten heimgesucht werde. Deine positive Energie und Dein Glaube an das Leben verleihen mir den Mut, weiterzumachen und meine eigenen Stärken zu entfalten.

37

Deine Ermutigungen

Es ist ein Glück, Deine Freundin zu sein, weil Du mich ermutigst, meine Flügel der Hoffnung auszubreiten und in die strahlende Höhe der Möglichkeiten zu fliegen.

Liebe Freundin,
ich möchte Dir von ganzem Herzen dafür danken, dass Du eine Quelle der Ermutigung und des Vertrauens bist. Deine Fähigkeit, uns zu unterstützen und uns Mut zuzusprechen, ist einfach bewundernswert.

In einer Welt, die oft von Zweifeln und Unsicherheiten geprägt ist, bist Du ein strahlendes Licht der Zuversicht. Du siehst das Potenzial in anderen und bist immer bereit, ihnen den Rücken zu stärken. Mit Deinen ermutigenden Worten schaffst Du es, das Selbstvertrauen anderer Frauen zu stärken und ihnen den Glauben an sich selbst zurückzugeben.

Du bist eine echte Freundin und eine verlässliche Unterstützung. Du bist immer da, um uns anzufeuern und uns daran zu erinnern, dass wir fähig sind, unsere Ziele zu erreichen. Du glaubst an uns, auch wenn wir manchmal selbst an uns zweifeln.

Was mich besonders beeindruckt, ist Deine Art, anderen Frauen dabei zu helfen, ihre eigenen Stärken und Talente zu sehen. Du erkennst die Einzigartigkeit eines jeden Menschen und motivierst ihn, seinen eigenen Weg zu gehen. Du inspirierst uns dazu, unseren Träumen zu folgen und uns nicht von Hindernissen entmutigen zu lassen.

Du bist eine wahrhafte Fürsprecherin des Wachstums und der Entwicklung von uns. Du gibst uns den Mut, uns neuen Herausforderungen zu stellen und über uns hinauszuwachsen. Du bist nicht nur eine Zuhörerin, sondern auch eine Visionärin, die uns hilft, unser volles Potenzial auszuschöpfen.

Deine Worte haben die Kraft, Herzen zu öffnen und Veränderungen anzustoßen. Du weißt, wie wichtig es ist, aufmunternde Worte zu wählen und uns daran zu erinnern, dass wir nicht allein sind. Du bist ein Anker in stürmischen Zeiten und eine Quelle der Motivation, wenn wir sie am meisten brauchen.

Dank Dir fühlen wir uns gestärkt, inspiriert und unterstützt. Du bist eine wertvolle Freundin, die uns zeigt, dass wir unsere Träume verwirklichen können, wenn wir an uns selbst glauben. Mit Deiner sanften Stimme ermutigst Du uns, über uns hinauszuwachsen und unsere eigenen Grenzen zu überwinden.

Liebe Freundin, ich möchte Dir von ganzem Herzen danken, dass Du eine Frau bist, die anderen Mut macht. Dein Vertrauen und Deine Unterstützung bedeuten mir unendlich viel. Du hast einen positiven Einfluss auf mein Leben und inspirierst mich dazu, das Beste aus mir herauszuholen. Danke, dass Du immer da bist, um mich an meine eigene Stärke zu erinnern.

38

Deine Zuversicht

Es ist ein Glück, Deine Freundin zu sein, weil Deine Zuversicht wie ein warmer Sonnenstrahl ist, der mein Herz erhellt und mich ermutigt, selbst in den dunkelsten Zeiten um das Licht zu wissen.

Liebe Freundin,
heute möchte ich Dir meine tiefste Wertschätzung für Deine unglaubliche Zuversicht zum Ausdruck bringen. Du bist eine Frau, die selbst in den schwierigsten Zeiten an das Gute glaubt und eine unerschütterliche Stärke ausstrahlt. Deine positive Einstellung und Dein Vertrauen sind eine wahre Inspiration für uns alle.

Du hast die einzigartige Fähigkeit, auch in den dunkelsten Momenten des Lebens ein Licht der Hoffnung zu sein. Deine Zuversicht ist ansteckend und ermutigt uns, ebenfalls an uns selbst und an eine strahlende Zukunft zu glauben. Du beweist uns immer wieder, dass es in jeder Situation einen

Silberstreif am Horizont gibt, auf den wir uns fokussieren können.

Selbst wenn die Welt um Dich herum in Aufruhr ist, bleibst Du ruhig und behältst einen klaren Kopf. Du lässt Dich nicht von Zweifeln oder Ängsten überwältigen, sondern bist fest davon überzeugt, dass alles letztlich gut wird. Dein Vertrauen in das Gute im Leben überträgt sich und motiviert uns, uns ebenfalls auf die positiven Aspekte zu konzentrieren und das Beste aus jeder Situation zu machen.

Du bist eine wahre Quelle der Stärke und des Vertrauens. Deine Zuversicht gibt anderen Menschen Hoffnung und inspiriert sie, ebenfalls an ihre eigenen Fähigkeiten zu glauben. Du zeigst uns, dass wir uns nicht von den Herausforderungen des Lebens entmutigen lassen sollten, sondern dass wir die Kraft haben, sie zu überwinden, und gestärkt daraus hervorgehen.

Deine Zuversicht ist ein Schatz, den Du mit anderen teilst. Du bist immer bereit, anderen Mut zuzusprechen und ihnen zu zeigen, dass sie die Fähigkeit haben, jede Situation zu meistern. Du bist einfühlsam und unterstützend und erinnerst uns daran, dass wir nicht allein sind. Du stärkst unseren Glauben an uns selbst und in die Welt um uns herum.

Ich bin unendlich dankbar, dass Du in meinem Leben bist und ich von Deiner Zuversicht profitieren darf. Du bestärkst mich darin, an das Gute zu glauben und meine Ängste zu überwinden. Du zeigst mir, dass wir alle die Kraft haben, Herausforderungen zu meistern und unsere Träume zu verwirklichen.

Danke, dass Du eine Frau der Zuversicht bist. Du bist eine wahre Inspiration, und ich schätze Deine positive Energie und Deinen Glauben an das Gute im Leben. Du ermutigst uns alle, die Welt mit Zuversicht und Vertrauen zu umarmen. Durch Deine Präsenz erinnern wir uns daran, dass wir immer einen Grund haben, optimistisch zu sein.

39

Deine Ziele

Es ist ein Glück, Deine Freundin zu sein, weil Du mich lehrst, meine Ziele zu verfolgen, meine Träume zu verwirklichen und dabei sowohl den eigenen Erfolg als auch die Unterstützung anderer im Herzen zu tragen.

Meine liebe Freundin,
diese Karte beschreibt Deine bemerkenswerte Fähigkeit, Deine Ziele zu identifizieren, zu verfolgen und zu erreichen. Für mich bist Du eine Frau, die sich ihren Visionen widmet, mit unbeugsamem Willen und standhaftem Mut. Du bist ein glänzendes Exempel für die Überwindung von Hindernissen und die ständigen Herausforderung des eigenen Selbst.

Es ist Deine Fähigkeit, Deine Ziele fest im Blick zu behalten und beharrlich darauf hinzuarbeiten, die ich besonders an Dir schätze. Du lässt Dich nicht von Rückschlägen entmutigen, sondern siehst sie als wertvolle Lektionen an, die dazu dienen, Dich zu stärken und weiser zu machen. Deine unvergleichliche Ausdauer ist bewundernswert und inspiriert mich.

Du bist eine Frau, die ihren Glauben an sich selbst behält, auch wenn die Umstände Dir Hindernisse in den Weg legen. Du weißt, dass in Dir die Macht ruht, Deine Träume zu verwirklichen, und Du tust alles, um sie behutsam, Schritt für Schritt, in die Realität umzusetzen. Dein Mut und Deine Entschlossenheit sind ansteckend, sie beflügeln auch mich, meinen eigenen Pfad mit Zuversicht zu beschreiten.

Über Deinen eigenen Erfolg hinaus bist Du auch eine Quelle der Inspiration für andere. Du ermutigst sie, an sich selbst zu glauben und an ihren eigenen Träumen festzuhalten. Dein unermüdlicher Einsatz und Deine Entschlossenheit weisen den Weg in eine Zukunft, in der wir gemeinsam noch größere Erfolge und Träume verwirklichen können. Du teilst Deine Erfahrungen, Herausforderungen und Triumphe, um andere Frauen daran zu erinnern, dass sie vieles erreichen können, wenn sie nur daran glauben.

Deine Hartnäckigkeit und Dein Ehrgeiz sind bewundernswert, und doch zeigst Du auch ein erstaunliches Maß an Mitgefühl und Unterstützung für andere. Du bist eine Freundin von unschätzbarem Wert, die uns andere Frauen dabei unterstützt, unseren eigenen Weg zu finden und unsere Ziele zu manifestieren. Du bist stets zur Stelle, um uns zu stärken, und das macht Dich zu einer außergewöhnlichen und geliebten Freundin.

40

Deine Neugier und Offenheit

Es ist ein Glück, eine Frau zu sein, weil wir mit Neugier und Offenheit die Welt erforschen und uns ständig weiterentwickeln können, indem wir uns neuen Erfahrungen hingeben und unser Wissen teilen.

Meine liebe Freundin,
ich bewundere an Dir jene Neugier und Offenheit, die Dich antreibt, die Geheimnisse des Daseins zu ergründen. Du bist eine wahrhafte Pionierin des Wissens, stets begierig, zu lernen und zu wachsen. Deine unstillbare Lust an Erkenntnis und Deine Bereitschaft, Dich neuen Erfahrungen hinzugeben, sind eine Quelle der Inspiration und Erweiterung meines Verständnisses von der Welt, in der wir leben.

Niemals ruhst Du Dich auf den bereits erlangten Erkenntnissen aus, sondern strebst unablässig nach neuem Wissen und weiteren geistigen Herausforderungen. Deine Neugier hat Dich auf weite Reisen geführt, sowohl äußerlich durch ferne Länder als auch innerlich in die Tiefen Deiner eigenen Seele. Du bist bereit, Dich dem Unbekannten hinzugeben und die schier endlose Vielfalt des Lebens zu erforschen.

Doch es ist nicht nur Deine Neugier, die mich tief beeindruckt, sondern auch Deine Offenheit. Du bist frei von den Fesseln vorschneller Urteile und öffnest Dein Herz und Deinen Geist für verschiedene Perspektiven und Lebensweisen. Menschen und Situationen begegnest Du mit Offenheit und Toleranz, und in Deiner Gegenwart entsteht eine Atmosphäre des Verständnisses und der Akzeptanz. Durch Dein Vorbild ermutigst Du andere dazu, ihre eigenen Vorurteile und Begrenzungen abzulegen.

Dank Deiner Neugier und Offenheit trägst Du einen Schatz an Wissen und Erfahrung in Dir. Du teilst großzügig Deine Erkenntnisse mit anderen, und dadurch bereicherst Du unser aller Leben. Du bist eine inspirierende Quelle des Lernens und der Entwicklung für uns alle.

Was mich ganz besonders berührt, ist Deine Fähigkeit, die kleinen Wunder des Alltags zu erkennen und zu schätzen. Du vermagst Schönheit in den einfachsten Dingen zu entdecken und findest Freude darin, die Welt mit kindlicher Begeisterung zu erkunden. Deine Neugier ist ansteckend, und in Deiner Gegenwart öffnet sich auch mein eigener Geist für die schier unendlichen Möglichkeiten, die das Leben uns bietet.

41

Deine wohltuende Gelassenheit

Es ist ein Glück, Dich zur Freundin zu haben, denn Deine Gelassenheit ist wie eine sanfte Strömung, die mich durch den Fluss des Lebens trägt und mir in jedem Moment das Gefühl von Ruhe und Harmonie schenkt.

Liebe Freundin,
ich möchte heute meine aufrichtige Wertschätzung für Deine innere Ruhe zum Ausdruck bringen. Das Kartenthema »Deine wohltuende Gelassenheit« passt perfekt zu Dir und Deinem Wesen. Du bist

eine Frau, die in sich selbst ruht und eine bemerkenswerte Ausstrahlung von Frieden und Gelassenheit besitzt. Deine Präsenz allein wirkt beruhigend auf andere und schafft einen Raum der Harmonie und des Gleichgewichts.

In einer Welt, die oft von Hektik und Stress geprägt ist, bist Du ein Anker, der mir Stabilität gibt. Du hast gelernt, mit den Herausforderungen des Lebens auf eine besonnene Art und Weise umzugehen und Dich nicht von äußeren Umständen aus der Ruhe bringen zu lassen. Diese innere Stärke und Ausgeglichenheit beeindruckt mich zutiefst.

Du bist ein Vorbild dafür, wie wir in schweren Zeiten einen klaren Kopf bewahren und mit Gelassenheit auftreten. Du weißt Dich nicht von Ängsten oder Sorgen überwältigen zu lassen, sondern Dich auf das Positive und auf Lösungen zu fokussieren. Deine Fähigkeit, in schwierigen Situationen ruhig zu bleiben, ist bewundernswert und inspiriert mich dazu, selbst nach innerer Gelassenheit zu streben.

Nicht nur Deine eigene Ausgeglichenheit, sondern auch Deine Bereitschaft, anderen dabei zu helfen, Ruhe und Frieden zu finden, ist bemerkenswert. Du bist immer da, um zuzuhören und

Unterstützung anzubieten, wenn jemand durch stürmische Zeiten geht. Deine weisen Worte und Dein Mitgefühl sind ein Geschenk für jeden, der das Glück hat, Dich in seinem Leben zu haben.

Du lehrst uns, dass wahre Stärke darin besteht, im Einklang mit sich selbst zu sein und sich von äußeren Umständen nicht aus der Bahn werfen zu lassen. Du erinnerst mich daran, wie wichtig es ist, sich regelmäßig Zeit für Selbstfürsorge und Innenschau zu nehmen, um in die eigene innere Balance zu finden.

Liebe Freundin, ich möchte Dir von ganzem Herzen dafür danken, dass Du ein Vorbild für Gelassenheit und inneren Frieden bist.

42

Deine Ernsthaftigkeit

**Es ist ein Glück, eine Frau zu sein,
weil wir die Fähigkeit besitzen, Ernsthaftigkeit
zu kultivieren, und damit zu einer Quelle der
Stärke, Klarheit und Authentizität werden.**

Liebe Freundin,
die Karte »Deine Ernsthaftigkeit« bringt zum Ausdruck, dass Dir die Fähigkeit eigen ist, bestimmte Situationen ernsthaft anzugehen. Du verstehst, dass es Zeiten gibt, in denen es wichtig ist, die Dinge ernst zu nehmen und ihnen die gebührende Aufmerksamkeit zu schenken.

Du erkennst an, was ist. Ich lerne dadurch von Dir die Realität ohne Illusionen oder Verleugnungen anzunehmen. Es geht darum, die Dinge so zu sehen, wie sie wirklich sind, ohne sie zu beschönigen oder zu verzerren.

Auf die Art, wie Du Ernsthaftigkeit lebst, zeigst Du einen tiefen Respekt vor der Wahrheit und der gegenwärtigen Situation. Du erkennst an, dass es wichtig ist, Dich mit den Herausforderungen, den

Schwierigkeiten und den unangenehmen Aspekten des Lebens auseinanderzusetzen, anstatt sie zu ignorieren oder zu verdrängen. Es erfordert Mut und Ehrlichkeit, sich den unangenehmen Wahrheiten zu stellen und Verantwortung für unser Handeln zu übernehmen.

Mit Ernsthaftigkeit weist Du Frauen einen Weg, aus Erfahrungen zu lernen und persönliches Wachstum zu fördern. Indem Du die Realität anerkennst, bestätigst Du die Gegebenheiten und sagst: »So ist es!« Aus der Fähigkeit des Anerkennens ziehst Du die Kraft, etwas zu verändern, wenn es Dir wichtig ist.

Darüber hinaus hilft Dir Deine Ernsthaftigkeit dabei, Beziehungen auf einer ehrlichen und authentischen Basis aufzubauen oder sie auf diese Stufe zu heben. Indem Du die Realität akzeptierst, kannst Du klarer kommunizieren und Verbindungen aufbauen, die auf Vertrauen und Offenheit beruhen. Es zeigt Deinen Respekt gegenüber anderen, dass Du ihre Perspektiven und Gefühle anerkennst und ihnen mit Achtsamkeit begegnest.

Indem wir Ernsthaftigkeit in unserem Leben kultivieren, öffnen wir uns für ein tieferes Verständnis der Welt um uns herum. Wir entwickeln die Fähigkeit zur Achtsamkeit und zur Annahme dessen, was ist, und können dadurch eine größere innere Stärke und Resilienz aufbauen.

Darüber hinaus zeigst Du auch in schwierigen Situationen Ernsthaftigkeit und Besonnenheit. Du behältst einen klaren Kopf und findest Lösungen, anstatt in Panik zu geraten. Du nimmst Herausforderungen an und stellst Dich ihnen mit Entschlossenheit und Umsicht.

43

Dein Feingefühl

**Es ist ein Glück, eine Frau zu sein,
weil die Fähigkeit, einfühlsam zu sein,
uns ermöglicht, tiefe Verbindungen zu anderen
Menschen herzustellen, ihnen Trost zu spenden
und ihre Herzen mit einer Liebe zu erfüllen,
die über Worte hinausgeht.**

Meine liebe Freundin,
mit der Karte »Dein Feingefühl« ehre ich Deine erstaunliche Fähigkeit, Dich tief und wahrhaftig in die Empfindungen und Erfahrungen anderer hineinzuversetzen.

Deine Einfühlsamkeit ist wie der lichte Schein eines Sommertages, der alle Schatten aus der Seele verbannt und das Leben all jener, die das Glück haben, Dich zu kennen, erleuchtet. Ich bewundere sehr diese Gabe von Dir, und ich halte Dein tiefes Verständnis und Mitgefühl für einen wahren Segen in meinem Leben.

Was mich auf tiefster Ebene berührt, ist Deine unermüdliche Bereitschaft, anderen ein offenes

Ohr zu schenken und an ihrem Herzensschmerz teilzuhaben. Du nimmst Dir Zeit für die Geschichten und Gefühle anderer und vermeidest vorschnelles Bewerten. Du schenkst ihnen Dein ungeteiltes Mitgefühl und schaffst einen sicheren Hafen, in dem sie sich öffnen und ihre Sorgen und Ängste frei aussprechen können.

Deine Freundlichkeit und Milde sind wie ein heilender Balsam für bedrängte Seelen. Du hast das seltene Gespür, unerfüllte Bedürfnisse zu erkennen, selbst wenn sie sich hinter verschlossenen Lippen verbergen. Du nimmst die unterdrückten Emotionen wahr und bist stets bereit, Trost und Unterstützung zu bieten, wenn sie am nötigsten gebraucht werden. Dein Feingefühl verleiht mir das Gefühl, verstanden und geliebt zu werden.

Aber Du bist nicht nur einfühlsam, Du bist auch weise. Du verstehst die Komplexität des Lebens und erkennst, dass jeder sein eigenes Bündel an Herausforderungen und Kämpfen zu tragen hat. Du begegnest Frauen mit Toleranz und Respekt, unabhängig von ihren Erfahrungen und Hintergründen. Deine Fähigkeit, Dich in andere hineinzuversetzen, offenbart Dir eine tiefe Quelle des Verstehens und des Wissens über die Vielfalt menschlicher Erfahrungen.

Ich fühle mich von Dir gesehen, gehört und geliebt. Deine feinfühlige Natur schafft eine Atmosphäre von Sicherheit und Vertrauen, in der ich mich öffnen und meine intimsten Emotionen mitteilen kann. Deine einfühlsame Präsenz macht meine Welt zu einem Ort voller Liebe.

44

Unsere Vertrautheit

Es ist ein Glück, eine Frau zu sein, weil wir die Gabe der Vertrautheit besitzen, die uns erlaubt, tiefgehende Beziehungen zu führen und einander bedingungslos zu lieben und zu unterstützen.

Liebe Freundin,
ich bin zutiefst dankbar für die Vertrautheit, die wir miteinander teilen. Sie ist ein Geschenk, das nicht jeder erleben darf, und etwas, was wir mit großer Achtsamkeit und Wertschätzung pflegen sollten.

Die Vertrautheit zwischen uns schafft eine Atmosphäre des Verstehens, der Akzeptanz und des tiefen Mitgefühls. Es ist, als ob wir uns schon seit Ewigkeiten kennen und auf einer Ebene kommunizieren, die jenseits von Worten und oberflächlichen Fassaden liegt. Du kennst meine Stärken und Schwächen, meine Träume und Ängste, und ich kenne Deine. Es ist diese Vertrautheit, die uns erlaubt, uns in unserer ganzen Verletzlichkeit zu zeigen und uns gegenseitig bedingungslos anzunehmen.

In unserer Verbundenheit haben wir einen sicheren Raum geschaffen, in dem wir uns vollkommen öffnen können, ohne Angst vor einem Urteil oder Ablehnung. Wir können unsere innersten Gedanken und Gefühle teilen, unsere tiefsten Sehnsüchte und unsere größten Herausforderungen. Wir geben einander Halt, Unterstützung und Inspiration, und wir wissen, dass wir immer füreinander da sein werden.

Durch unsere Vertrautheit haben wir auch die Möglichkeit, uns weiterzuentwickeln und zu wachsen. Wir ermutigen uns gegenseitig, aus unserer Komfortzone hinauszutreten und uns neuen Erfahrungen zu öffnen. Wir hinterfragen einander und unterstützen uns dabei, unser volles Potenzial zu entfalten. Unsere Vertrautheit ist eine Quelle der Stärke und des Wachstums für uns beide.

Es ist eine große Gnade, eine solche Vertrautheit in unserem Leben zu haben. Sie bereichert uns, nährt uns und gibt uns das Gefühl, dass wir nicht allein sind. Ich bin so dankbar, dass ich sie mit Dir teilen darf, dass ich jemanden an meiner Seite habe, der mich in- und auswendig kennt und der mich bedingungslos liebt. Du bist eine wahre Freundin, und ich werde das Vertrauen, das wir teilen, niemals als selbstverständlich betrachten.

Danke, dass Du in meinem Leben bist und wir diese besondere Vertrautheit teilen. Es ist ein Geschenk, das ich zutiefst schätze und das ich niemals missen möchte. In Deiner Nähe finde ich Trost, Stärke und Liebe. Möge unsere Verbindung weiterwachsen und uns auf unserem gemeinsamen Weg stärken.

45

Dein respektvoller Umgang

Es ist ein Glück, eine Frau zu sein, weil wir mit Respekt füreinander Brücken bauen, die uns verbinden, wir Unterschiede akzeptieren und eine Grundlage für ein harmonisches Miteinander schaffen.

Liebe Freundin,
ich möchte Dir heute ein Kompliment aussprechen und Deine bemerkenswerte Eigenschaft des Respekts würdigen. Du verkörperst eine Tugend, die auf Anerkennung, Wertschätzung und Höflichkeit basiert und den Umgang miteinander in besonderem Maße prägt. Dein Respekt ist wie eine Brücke, die Frauen verbindet, weil er Unterschiede akzeptiert und die Grundlage für ein harmonisches Zusammenleben schafft.

Auch wenn Frauen bereits große Fortschritte bei der Gleichberechtigung gemacht haben, gibt es immer noch Kulturkreise, in denen die Frauenrechte noch nicht gefestigt sind. Du verstehst die wahre Bedeutung von Respekt, indem Du die Würde und den Wert einer jeden Frau anerkennst. Du stehst für sie ein und bestärkst sie darin, dass ihre Bedürfnisse genauso wichtig sind wie die ihrer Mitmenschen. Du respektierst ihre Individualität und Einzigartigkeit, unabhängig von äußerlichen Unterscheidungsmerkmalen. Du achtest ihre Rechte und Bedürfnisse und setzt klare Grenzen, um ihnen Raum zu geben.

Was mich besonders beeindruckt, ist Deine Fähigkeit, anderen Frauen Gehör zu schenken und ihre Meinungen und Perspektiven ernst zu nehmen. Du bist offen für ihre unterschiedlichen Standpunkte und bereit, von ihnen zu lernen. Durch Dein respektvolles Zuhören schaffst Du einen Raum für einen konstruktiven Dialog, der zu einem besseren Verständnis führt und zur Lösung von Konflikten beiträgt.

Dein Respekt zeigt sich auch in Deinen Handlungen und Deinem Verhalten gegenüber anderen Frauen. In vielen Kulturen werden Frauen noch immer in festgelegte Rollen und Normen gedrängt, und ihr Wert wird nicht anerkannt. Du jedoch begegnest allen Frauen mit Höflichkeit und Freundlichkeit, nimmst Rücksicht auf ihre Bedürfnisse und zeigst Mitgefühl. Du kommunizierst respektvoll, trittst ihnen auf Augenhöhe entgegen und achtest ihre Privatsphäre. Zudem erkennst und würdigst Du ihre Leistungen und Erfolge.

Dein Respekt erstreckt sich nicht nur auf einzelne Frauen, sondern auch auf Gemeinschaften, Kulturen und die Umwelt. Du engagierst Dich für den Schutz natürlicher Ressourcen und förderst nachhaltige Praktiken. Dein tief verwurzelter Respekt für die Natur spiegelt sich in Deinem Verantwortungsbewusstsein als Bewahrerin des Planeten wider und in Deinem Bemühen, ihn für zukünftige Generationen zu erhalten. Ein respektvoller Umgang bildet die Grundlage für ein friedliches Zusammenleben in unserer Gesellschaft. Durch Deine Einstellung entstehen Vertrauen und Verständnis zwischen den Menschen. Du förderst eine Kultur der Kooperation, in der alle miteinander arbeiten und voneinander lernen können.

In einer Welt, die zunehmend von Vielfalt geprägt ist, ist Dein Respekt von unschätzbarem Wert. Du betrachtest sie als Bereicherung. Deine Offenheit gegenüber neuen Ideen und anderen Kulturen, Deine Bereitschaft zur Zusammenarbeit und Deine Entschlossenheit, Vorurteile und Diskriminierung zu überwinden, sind bewundernswert.

Dein Respekt ist nicht einseitig, sondern beruht auf Gegenseitigkeit und der Bereitschaft, Verantwortung für das eigene Verhalten zu übernehmen. Du baust Beziehungen und Gemeinschaften mit auf, die auf Vertrauen, Gleichwertigkeit und Anerkennung basieren.

Insgesamt ist Dein Respekt eine herausragende Tugend, die das menschliche Miteinander formt. Du schaffst ein Umfeld, in dem Frauen gedeihen und sich selbst wertschätzen können und Konflikte friedlich gelöst werden. Durch Deine Haltung trägst Du zu einem Gefühl der Zusammengehörigkeit bei und stärkst Frauen sowohl als Individuen als auch als Gesellschaft. Du ermutigst sie, aufeinander zuzugehen, Unterschiede zu akzeptieren und gemeinsam eine bessere Welt zu gestalten.

46

Deine Ehrlichkeit

Es ist ein Glück, Deine Freundin zu sein, weil Deine Ehrlichkeit eine kostbare Gabe ist, die unsere Freundschaft stärkt und uns ermutigt, authentisch zu sein und unsere eigene Wahrheit zu leben.

Liebe Freundin,
ich möchte Dir heute meine aufrichtige Wertschätzung für Deine Ehrlichkeit entgegenbringen. Du bist eine Frau, die stets die Wahrheit sagt, auch wenn es manchmal schwierig ist. Deine Aufrichtigkeit und Offenheit schaffen eine Atmosphäre des Vertrauens zwischen uns, die tiefgreifende Verbundenheit ermöglicht.

In einer Welt, in der Lügen und Täuschungen weit verbreitet sind, bist Du ein wahrer Lichtblick. Du scheust Dich nicht davor, unangenehme Wahrheiten anzusprechen, weil Du weißt, dass sie wichtig für persönliches Wachstum und Entwicklung sind. Deine Ehrlichkeit schenkt mir Klarheit und ermutigt mich, mich selbst zu reflektieren und zu wachsen.

Mit Dir kann ich offen über alles sprechen, ohne Angst vor Verurteilung oder Zurückweisung. Deine Ehrlichkeit schafft Raum für offene Gespräche und ermöglicht es uns, uns auf einer tieferen Ebene zu verstehen. Du zeigst mir, dass ich Dir wichtig bin, indem Du mir die Wahrheit sagst, selbst wenn diese unbequem ist. Das ist ein Geschenk, das nicht viele Menschen geben können.

Deine Ehrlichkeit ist auch ein Zeichen Deiner Stärke und Integrität. Du stehst zu Deinen Überzeugungen und Werten, und das beeindruckt mich zutiefst. Du bist kein Mensch, der sich verbiegt oder vorgibt, jemand anderes zu sein. Du bleibst authentisch und wahrhaftig, und das inspiriert mich dazu, dasselbe zu sein.

Ich schätze es sehr, dass ich mich immer auf Deine Ehrlichkeit verlassen kann. Das gibt mir das Vertrauen, dass unsere Freundschaft auf einem festen Fundament steht. Deine aufrichtigen Worte und Taten zeigen mir, dass Du eine wahre Freundin bist, die immer das Beste für mich im Sinn hat.

Ich danke Dir dafür, dass ich mich in Deiner Gegenwart immer authentisch zeigen kann, ohne Angst vor Verurteilung oder Ablehnung. Deine Ehrlichkeit ist ein Geschenk, das ich sehr schätze, und ich bin froh, dass wir solch eine aufrichtige und tiefe Freundschaft pflegen.

Dich zeichnet Dein kritischer Blick auf die Gesellschaft und auf die Rollen, die Frauen darin zugewiesen wurden, aus. Du bist eine starke Verfechterin der Individualität und der Möglichkeit, sein eigenes Schicksal zu gestalten. Du bist Dir selbst treu und thematisierst oft die Herausforderungen, vor denen wir Frauen zum Teil immer noch stehen, wenn es darum geht, in einer Welt, die von männlichen Normen geprägt ist, unsere eigene Identität zu bewahren.

Deine Ehrlichkeit gegenüber Dir selbst und anderen Frauen eröffnet Dir Möglichkeiten, Dein volles Potenzial zu entfalten und die Welt mit Deinen individuellen Fähigkeiten und Talenten zu bereichern. Ich bewundere Deinen Mut, gegen die althergebrachten Konventionen zu rebellieren und Dein Selbstbewusstsein und Deine eigene Wahrheit zu umarmen. Dazu gehört die Solidarität unter Frauen und, wie Du sie ermutigst, ihren eigenen Weg zu gehen und ihre eigene Stimme zu erheben.

47

Deine Zuverlässigkeit

Es ist ein Glück, Deine Freundin zu sein, weil Deine Zuverlässigkeit wie ein Fels in der Brandung ist und mir Sicherheit, Vertrauen und Geborgenheit schenkt.

Liebe Freundin,
ich schätze an Dir, wie zuverlässig Du bist. In einer Welt, in der sich so vieles verändert und unsicher ist, ist es ein wahrer Segen, jemanden wie Dich als Freundin an meiner Seite zu haben. Du bist immer da, wenn ich Dich brauche, und ich kann mich auf Dich verlassen, egal, in welcher Situation. Deine Zuverlässigkeit gibt mir ein Gefühl von Sicherheit und Geborgenheit, das unbezahlbar ist. Sie ist nicht nur in persönlichen Angelegenheiten spürbar, sondern erstreckt sich auch auf andere Bereiche des Lebens.

Du bist jemand, auf den man sich auch in beruflichen Situationen verlassen kann, sei es bei gemeinsamen Projekten, der Erfüllung von Aufgaben oder einfach als vertrauenswürdige Arbeitskollegin.

Du hältst Deine Verpflichtungen ein und erledigst Deine Aufgaben gewissenhaft und pünktlich.

Die Gewissheit, dass ich mich auf Dich verlassen kann, gibt mir nicht nur ein Gefühl der Sicherheit, sondern stärkt auch unsere Verbindung. Deine Zuverlässigkeit schafft Vertrauen und zeigt, dass Du Dich um unsere Freundschaft sorgst und sie respektierst. Es ist schön, zu wissen, dass Du immer da bist, egal, was passiert.

Deine Zuverlässigkeit geht über bloße Anwesenheit hinaus. Du bist nicht nur physisch präsent, sondern auch emotional. Du hörst zu und bist einfühlsam, wenn ich mit Dir meine Sorgen und Ängste teile. Du stehst mir mit Rat und Tat zur Seite und unterstützt mich auf meinem Weg. Deine Präsenz allein ist oft schon beruhigend und tröstend.

Deine Zuverlässigkeit strahlt auch auf andere Menschen aus. Du bist bekannt für Deine Beständigkeit, und viele schätzen es, dass sie immer auf Dich zählen können. Dir kann man Verantwortung und wichtige Aufgaben übertragen, weil Du sie sorgfältig erfüllst.

48

Dein Lächeln

Es ist ein Glück, Dich zur Freundin zu haben, denn Dein bezauberndes Lächeln ist eine Quelle der Freude, und ich empfinde es als ein besonderes Geschenk.

Liebenswerte Freundin,
zum Glück, eine Frau zu sein, gehört auch die außergewöhnliche Wirkkraft Deines Lächelns. Es hat eine Magie in sich, die faszinierend und beeindruckend zugleich ist. Du bist wie eine strahlende Blume, Dein Lächeln spiegelt Deine innere Schönheit und Anmut wider. Es erinnert mich immer daran, dass Du eine Quelle des Glücks bist und die Macht besitzt, Liebe und Güte in Deine Umgebung zu bringen.

Dein Lächeln hat also nicht nur eine Auswirkung auf Dich selbst, sondern auch auf die Menschen um Dich herum. Es ist erstaunlich, zu beobachten, wie es auf anderewirkt. Es hat die wunderbare Fähigkeit, Herzen zu öffnen und Menschen auf eine besondere Art und Weise zu berühren. Dein

Lächeln sendet eine Botschaft der Freundlichkeit und des Mitgefühls, die andere willkommen heißt und ihnen das Gefühl gibt, gehört und geschätzt zu werden. Es erzeugt eine warme und einladende Atmosphäre, die andere anzieht und Verbindungen schafft.

Die subtile Wirkung Deines Lächelns ist einfach erstaunlich. Es hat die Kraft, traurige Augen zum Leuchten zu bringen und müde Seelen wieder zu beleben. Die Art und Weise, wie Du andere ermutigst und inspirierst, ist wirklich bemerkenswert. Dein Lächeln ist wie ein Schimmern des Glücks, das die Welt um Dich herum erhellt.

Du solltest auch wissen, dass die Wirkung Deines Lächelns über unsere persönliche Beziehung hinausgeht. Es hat eine transformative Kraft, die die Gesellschaft als Ganzes beeinflussen kann. In einer Welt, die oft von Konflikten und Uneinigkeit geprägt ist, kann Dein Lächeln die Mauern des Misstrauens durchbrechen und eine Grundlage für Verständnis und Harmonie schaffen. Du erinnerst uns daran, dass wir alle Menschen sind, die nach Liebe und Verbundenheit suchen. Dein Lächeln hat die Kraft, Vorurteile zu überwinden und ein Klima des Respekts und der Toleranz zu erzeugen.

Du bist wahrhaft ein Geschenk für mich und die Menschen um Dich herum. Dein Lächeln bereichert unser Leben und hat die Stärke, die Welt zu einem besseren Ort zu machen. Du, meine liebe Freundin, besitzt ein strahlendes Lächeln, das nicht nur auf Deinen Lippen erscheint, sondern von innen heraus leuchtet. Wenn Du lächelst, scheint die Welt aufzuleben, und jegliche Sorgen und Nöte verblassen im Licht Deiner Freude.

49

Dein Humor

Es ist ein Glück, eine Frau wie Du zu sein, denn Dein wunderbarer Sinn für Humor ist ein Geschenk, das die Welt zum Lachen bringt und unsere Herzen erhellt.

Liebe Freundin,
heute möchte ich Dir meine aufrichtige Wertschätzung für Deinen wunderbaren Sinn für Humor zum Ausdruck bringen, den ich sehr bewundere. Er ist wie ein leuchtender Sonnenstrahl, der jeden Moment erhellt und allen ein herzhaftes Lachen

entlockt. Du hast die einzigartige Gabe, die Welt um Dich herum mit Deinem Witz zu bereichern und jedem das Leben zu versüßen.

Es gibt keinen Augenblick, in dem Du nicht mit Deinem charmanten und geistreichen Humor glänzt. Du hast die Fähigkeit, aus den einfachsten Dingen eine Quelle der Freude und des Lachens zu machen. Dein Wortwitz und Deine spielerische Art lassen den Alltag vergessen und bringen uns zum Lachen.

Du besitzt das Talent, die Stimmung im Raum zu verändern. Deine Witze, Wortspiele und lustigen Geschichten bringen jeden zum Strahlen und lassen ihn den Moment vollkommen genießen. Du bist diejenige, die mir in schweren Zeiten ein Lächeln ins Gesicht zaubert und mir zeigt, dass das Leben trotz aller Herausforderungen voller Freude sein kann.

Dein Humor ist erfrischend und einzigartig. Du kennst keine Grenzen, wenn es darum geht, andere zum Lachen zu bringen. Deine Fähigkeit, den richtigen Moment zu erkennen und die perfekte Pointe zu setzen, ist bewundernswert. Du verstehst es, Menschen zusammenzubringen und eine Atmosphäre der Fröhlichkeit und des Miteinanders zu schaffen.

Aber nicht nur das: Dein Humor wirkt auch heilend und befreiend. Du vermagst es, mich von meinen Sorgen und Ängsten abzulenken und mir eine Pause von der Ernsthaftigkeit des Lebens zu verschaffen. Du erinnerst mich daran, dass es wichtig ist, den Moment zu genießen, Spaß zu haben und mich nicht zu ernst zu nehmen. Mit Dir an meiner Seite kann ich mich entspannen, lachen und einfach sein.

Dein Humor ist ein Schatz, den Du großzügig teilst. Du bereicherst das Leben anderer und machst jeden Tag ein bisschen heller und lustiger. Du bist der Funke, der das Feuer des Lachens in uns entzündet und unsere Herzen erhellt. Durch Dich lernen wir, die Leichtigkeit des Seins zu schätzen und das Leben mit einem Augenzwinkern zu betrachten.

Ich bin unendlich dankbar, dass ich Dein Lachen und Deinen Humor in meinem Leben habe. Du machst meine Tage schöner und bringst mich zum Lachen, selbst wenn ich es am wenigsten erwarte. Du bist ein Geschenk, das ich mir immer wieder bewusst mache und für das ich unglaublich dankbar bin.

Dein Lachen ist wie Musik, die meine Seele zum Schwingen bringt. Es ist wie ein süßer Zaubertrank.

50

Deine Selbstkultivierung

Es ist ein Glück, Deine Freundin zu sein, weil Du mich zu meiner Selbstkultivierung inspirierst und mir dabei hilfst, meine wahre Essenz zu achten und ein erfülltes Leben zu führen.

Liebe Freundin,
mit der Karte »Deine Selbstkultivierung« hast Du ein Resümee für »Das Glück, eine Frau zu sein« gezogen. Ich möchte betonen, dass alle Themen in diesem Kartenset darauf abzielen, uns Frauen in unserer eigenen Selbstkultivierung zu unterstützen. Jedes Thema dient dazu, Deine Tugenden als Frau und Mensch zu fördern.

Du erinnerst mich daran, dass wir einzigartige Menschen sind, die in der Lage sind, authentisch zu sein, ihre Emotionen zu feiern, sich zu öffnen und Unterstützung anzunehmen, ihren eigenen Weg zu gehen, die Natur zu respektieren, anderen zu helfen, sie zu ermutigen und Vertrauen in sich selbst und in das Leben zu haben.

Durch Deine Art und Weise der Selbstkultivierung stärkst Du auch meine innere Kraft, mein Selbstbewusstsein und Wohlbefinden. Wir wachsen als Frauen, als Menschen und als Teil der Welt und erschaffen ein sinnerfülltes Leben.

Liebe Freundin, ich möchte Dir meinen tiefen Dank aussprechen, dass Du mich auf dieser Reise der Selbstkultivierung begleitest. Ich habe von Dir gelernt, dass sie bei der ehrlichen und tiefgründigen Auseinandersetzung mit mir selbst beginnt. Durch Selbstreflexion gewinne ich Einsichten über meine Werte, Stärken, Schwächen und Leidenschaften, lerne mich selbst besser kennen und kann meine Reise der Selbstentfaltung bewusster gestalten.

Deine Idee der Selbstkultivierung motiviert mich, die harmonische Balance zwischen verschiedenen Aspekten meines Lebens zu achten und den Einklang meiner körperlichen, geistigen, emotionalen und spirituellen Gesundheit zu bewahren.

Ich danke Dir, dass ich von Dir gelernt habe, mit Achtsamkeit im gegenwärtigen Moment zu verweilen, mich mit meinem gesunden Selbst in Verbindung zu wissen und meine Seele eingebettet im Allsein zu erfahren. Ich danke Dir, dass Du mich darauf aufmerksam gemacht hast, dass ich mit Authentizität meinen Eigensinn leben und den Mut haben darf, mich von äußeren Erwartungen und gesellschaftlichen Normen zu lösen. Es ist ein Glück, ganz bei mir selbst zu sein, meinen eigenen Weg zu gehen und die eigene Stimme zu entfalten, unabhängig von den Meinungen anderer.

Und so umarme ich Dich in Dankbarkeit und Liebe für all das, was wir bereits verwirklicht haben und wertschätzen. Es ist ein Glück, Deine Freundin zu sein!

Ein paar Worte zum Ausklang

Ich habe dieses Kartenset geschaffen, um allen Frauen zu sagen, dass es ein Glück ist, dass sie da sind. Ihr habt weltweit enorme Fortschritte dabei gemacht, Eure Rechte und Eure Position in der Gesellschaft zu stärken. Die Bewegung für die Gleichstellung der Geschlechter hat zu bedeutenden Veränderungen geführt. Ihr habt begonnen, Eure Stimmen zu erheben, um für Eure Rechte und Freiheiten einzustehen. Dennoch gibt es immer noch Kulturkreise, in denen diese Rechte nicht gefestigt sind und Frauen weiterhin in festgelegte Rollen und Normen gedrängt werden.

Das Kartenset »Das Glück, eine Frau zu sein« kann eine wichtige Rolle bei der Stärkung der weiblichen Befreiung und Selbstständigkeit spielen, indem es Frauen ermächtigt und neue Perspektiven eröffnet. Es bietet Euch einen Raum der Inspiration in allen Lebensbereichen. Es feiert Eure Weiblichkeit in all ihren Facetten und unterstützt Euch darin, Eure eigene Identität zu erforschen und anzunehmen. Indem es die Bedeutung der Selbstliebe und Selbstfürsorge betont, soll es Euch darin bestärken, Euch an erste Stelle zu setzen und Euch um Euer Wohlbefinden zu kümmern. Dies ist besonders wichtig in Kulturen, in denen Frauen oft dazu erzogen werden, ihre eigenen Bedürfnisse hintanzustellen und sich hauptsächlich um die Belange anderer zu kümmern.

Mit dem Kartenset möchte ich alle Frauen daran erinnern, dass sie das Recht haben, sich auf sich selbst zu fokussieren und ihr eigenes Glück zu verfolgen. Darüber hinaus bietet es eine Fülle von inspirierenden Gedanken und Einsichten, die Euch ermutigen sollen, Eure Ziele und Träume zu verwirklichen, Eure Stärken zu erkennen und neue Perspektiven einzunehmen, die über traditionelle Geschlechterrollen und kulturelle Grenzen hinausgehen. Indem es Euch inspiriert, Eure eigenen Werte und Glaubenssätze zu entwickeln und diese zu reflektieren, unterstützt es Euch dabei, Eure Identität zu formen und Eure einzigartigen Standpunkte zu finden. Es eröffnet neue Denkmuster und soll Euch dazu verhelfen, Euer eigenes Potenzial zu erkennen und Euch von gesellschaftlichen Erwartungen zu lösen. Es soll Euch darin bestärken, Euch selbst und andere Frauen in Eurer Ganzheit zu würdigen und zu feiern. Es ist an der Zeit, dass Ihr Frauen Eure einzigartigen Qualitäten erkennt und stolz darauf seid, wer Ihr seid.

In tiefer Verbundenheit
Klaus »Holly« Holitzka

Über den Autor

Klaus »Holly« Holitzka ist ein spiritueller Künstler, dessen Werke sich von altmeisterlicher Malerei bis zum Zen-inspirierten Tuscheweg erstrecken. In seiner literarischen Arbeit reflektiert er über die Wirklichkeit des Allseins und hat dies in zahlreichen Publikationen zum Ausdruck gebracht. Er lebt gemeinsam mit seiner Familie und vielen Tieren im malerischen Odenwald, einem Ort, der von Legenden umrankt ist.

www.holitzka.de